GUERRA
en los
CIELOS

LA BATALLA CÓSMICA CONTRA EL MAL

GUERRA
en los
CIELOS

LA BATALLA CÓSMICA CONTRA EL MAL

DEREK PRINCE

Ministerio Derek Prince Internacional

Guerra en los Cielos por Derek Prince

Todos los derechos reservados ©2008 Derek Prince Ministries,
Charlotte, NC 28219 USA
Toda esta edición en español está hecha por un arreglo especial con
Derek Prince Ministries.
Originalmente publicado en inglés con el título "War in Heaven"
por Derek Prince.

A excepción de las partes señaladas de otra forma, los pasajes bíblicos
fueron tomados de la Versión Reina Valera 1960.

Traducido: Rogelio Díaz Díaz
Edición: Carlos R. Peña B.

Diseño carátula: Daniel Hernandez

Editado y Distribuido por:
Editorial Desafio
Cra28A-No. 64A-34, Bogotá, Colombia
Email:desafio@editorialbuenasemilla.com

Producto No. 496898
ISBN: 978-958-8285-97-9

Impreso en Colombia
Printed in Colombia

En un período de más de dos años, durante el cual estuve trabajando en la preparación de este libro, tuve que enfrentar una lucha y los ataques más variados, incluyendo enfermedades y debilidad. Algunos de los enemigos que me atacaron fueron dos formas de cáncer, polimialgia reumática, neumonía doble, congestión coronaria, cirugía de la vista, una cirugía de dos horas en el pericráneo y un ataque de cálculos biliares.

En un determinado momento perdí el sentido durante una semana por causa de una infección. Dos veces tuve la experiencia de acostarme en una cama y amanecer en un hospital.

Pero, a través de todas estas pruebas, el amor y las oraciones de muchos cristianos en todo el mundo me sostuvieron. ¡No tenía idea de la reserva de amor que había para mí!
Este libro lo dedico con gratitud a todos ustedes que oraron por mí.

> *«Mas gracias sean dadas a Dios, que nos da la victoria por medio de nuestro Señor Jesucristo»*
>
> (1 Corintios 15:57).

CONTENIDO

PREFACIO

E s obvio que la vida está llena de conflicto y de guerra. ¿Y cuál es la razón? ¿Nos da las Escrituras alguna explicación sobre la causa?

Aunque la Biblia nos dice todo lo que necesitamos saber para nuestro beneficio espiritual, aun así deja muchos interrogantes para responder de acuerdo a nuestra interpretación personal. Sobre algunos de los temas que discutiremos en este libro, acerca de los cuales los eruditos han esbozado numerosas interpretaciones, la Biblia no nos suministra suficiente evidencia como para poder hablar de ellos con toda certeza.

Las respuestas e impresiones que aquí comparto con usted son el resultado de estudio, meditación, oración y experiencia práctica, pero no pretendo por eso haber respondido todas las preguntas que puedan surgir, pues en estas cuestiones el campo de especulación no tiene límites. Sin embargo, no debemos permitir jamás que las cosas que no comprendemos arrojen sombras sobre las verdades que Dios ha hecho suficientemente claras.

Lo que sí sabemos con seguridad es que, al enfrentar la rebelión de Adán y Eva, Dios puso en marcha un plan secreto concebido en la eternidad. Históricamente este plan tuvo cumplimiento en la vida, muerte y resurrección de Jesucristo. Por lo que Él logró en la cruz recibimos la capacidad de tener una relación especial con Dios.

El cielo entero espera la plena manifestación de la victoria de Jesús.

1

¿Cuál es la Imagen que Usted Tiene del Cielo?

¿Qué visión tiene usted del cielo? ¿Cree que existe un lugar así? Y si lo cree, ¿piensa que es un lugar de luz y música etérea en donde coros adoran a Dios en escenarios de asombrosa e inspiradora belleza? ¿Imagina deslumbrantes despliegues de oro, plata e incontables piedras preciosas? No hay duda de que, en cierto sentido, esta descripción corresponde a la realidad, pero no es el cuadro completo.

Tal vez usted ve el cielo como la superficie interior de una inmensa bóveda que se extiende sobre toda la tierra.

A medida que los límites de esta se estrechan en el horizonte, a veces da la impresión de que llega a su fin. Pero eso nunca ocurre. Ella es siempre suficiente para cubrir todo el globo terráqueo.

Casi todos los habitantes terrestres tienen alguna impresión del cielo. Al contemplar las vastas posibilidades al respecto, debemos tener en mente que se utilizan varias palabras para describirlo. Está, por ejemplo, el sustantivo *cielo*, que enfatiza su envolvente unidad. Otras expresiones se refieren, aparentemente, a sus diferentes aspectos o partes. Por ejemplo, los términos *celestial* o *lugares celestiales* parecen sugerir una cantidad de ciertas localidades incluidas todas bajo el encabezado de *cielo*. Lugares que en diferentes momentos y actividades se asignan a seres diferentes.

En 2 Corintios 12:2–4, el apóstol Pablo escribe:

> «Conozco a un hombre en Cristo, que hace catorce años (si en el cuerpo, no lo sé; si fuera del cuerpo, no lo sé; Dios lo sabe), fue arrebatado hasta el tercer cielo. Y conozco a tal hombre (si en el cuerpo, o fuera del cuerpo, no lo sé; Dios lo sabe), que fue arrebatado al paraíso, donde oyó palabras inefables que no le es dado al hombre expresar».

Este versículo indica que hay tres cielos juntos, uno inmediatamente encima del otro, el más alto de éstos es el «tercer cielo». Es allí donde se encuentra el Paraíso y el lugar de habitación personal de Dios, el lugar más sagrado del universo. Pasajes como éste son los que nos proveen el concepto de pureza o santidad que a menudo se asocia con el cielo. Las palabras que aquí se hablan son tan sagradas que no se deben repetir fuera.

Paradeisos (paraíso) es la palabra griega que significa «jardín» y describe el jardín de Dios en el cielo. El Paraíso es el destino final de todos los pecadores que se han arrepentido realmente y que han perseverado en la vida de fe. Cuando pendía de la cruz, Jesús prometió al ladrón penitente que los dos estarían ese mismo día en el Paraíso. «Entonces Jesús le dijo: De cierto te digo que hoy estarás conmigo en el *paraíso*» (Lucas 23:43 *é.a*).

Casi todos los habitantes terrestres tienen alguna impresión del cielo.

El libro de Apocalipsis nos presenta un área que menciona como «el medio del cielo». Según lo puedo entender, estos pasajes describen algo así como una gran expansión con diferentes tipos de seres que van y vienen por ella. Los versículos siguientes mencionan a varios seres poderosos que hacen proclamaciones en medio del cielo.

> «Y miré, y oí a un ángel volar por en medio del cielo, diciendo a gran voz: ¡Ay, ay, ay, de los que moran en la tierra, a causa de los otros toques de trompeta que están para sonar los tres ángeles!» (Apocalipsis 8:13).

> «Vi volar por en medio del cielo a otro ángel, que tenía el evangelio eterno para predicarlo a los moradores de la tierra, a toda nación, tribu, lengua y pueblo» (Apocalipsis 14:6).

> «Y vi a un ángel que estaba en pie en el sol, y
> clamó a gran voz, diciendo a todas las aves
> que vuelan en medio del cielo: Venid y congre-
> gaos a la gran cena de Dios»
>
> (Apocalipsis 19:17).

La palabra griega utilizada en estos versículos es
mesouranema, que significa precisamente el medio del cielo. Este podría ser el segundo cielo.

Podemos deducir finalmente que el cielo visible (el que es
perceptible por nuestra vista natural) es el primer cielo. Todos
los habitantes de la tierra están familiarizados en cierta
medida con él.

¿Y qué en cuanto a los habitantes del cielo? ¿Qué clase
de criaturas son? El nombre que más comúnmente se les
asigna es el de *ángeles.* La palabra *ángel* se deriva del sustantivo griego *angelos,* cuyo significado es «mensajero».
Por lo tanto, a los ángeles se les ve como mensajeros enviados por el cielo.

Sin embargo, no todos los ángeles son mensajeros. También tienen otras funciones potenciales. No obstante, cualquiera que sea su tarea, son enviados de Dios para cumplir sus propósitos. Pero las Escrituras también muestran
con claridad que existen ángeles malos enviados por Satanás para cumplir sus malignos propósitos. A veces ocurre oposición o conflictos entre los ángeles de Dios y los
de Satanás. Las Escrituras nos muestran algunos de estos
conflictos, particularmente en el libro de Daniel.

De ahí que enfrentamos la ineludible realidad de que
nuestro mundo, tal como lo conocemos hoy, es un escenario de conflicto. Además, ese conflicto no se limita a la
tierra, es un factor vital también en todo lo que ocurre en
el cielo.

*Muchos cristianos presumen que
el cielo es un lugar de inquebrantable
paz y armonía, de belleza y adoración*

Los ángeles enviados por Dios tienen tres tareas principales. Como dijimos antes, la primera es la de ser mensajeros; la segunda, ser agentes de Dios enviados para proteger a quienes pueden estar en peligro, a éstos generalmente se les denomina «ángeles guardianes». En Mateo 18:10, Jesús habló de los «pequeños; porque os digo que sus ángeles en los cielos ven siempre el rostro de mi Padre que está en los cielos». Ello implica que el Padre dirige a esos ángeles protectores de los hijos potencialmente vulnerables. En la tercera categoría están los ángeles guerreros que enfrentan conflicto con los ángeles opositores.

Muchos cristianos presumen que el cielo es un lugar de inquebrantable paz y armonía, de belleza y adoración. Esto bien puede ser cierto en el tercer cielo, pero no es válido en el primero y segundo. Algunos pasajes bíblicos pintan un cuadro muy diferente de lo que está ocurriendo actualmente en el segundo cielo. Como ya lo mencionamos, el cielo es a veces la escena del gran conflicto entre los ángeles guerreros: unos sirviendo a Dios y otros a Satanás. Porque, básicamente, es en las regiones celestes donde ocurre este conflicto.

Y es allí también en donde Satanás suelta todo un cúmulo de acusaciones calumniosas contra los cristianos que sirven al Señor en la tierra. En Apocalipsis 12:10 se le describe como el ángel «acusador de nuestros hermanos, el que los acusaba delante de nuestro Dios día y noche».

15

Este versículo predice que Satanás será arrojado de los cielos. Pero es claro que hasta que esto ocurra continuará ocupando un lugar en alguna parte de ellos y que seguirá llenando los aires con malignas acusaciones contra el pueblo de Dios.

Uno de los versículos siguientes advierte a los habitantes de la tierra lo que pueden esperar cuando el diablo sea finalmente arrojado de los cielos a la tierra: «¡Ay de los moradores de la tierra y del mar! Porque el diablo ha descendido a vosotros con gran ira, sabiendo que tiene poco tiempo» (Apocalipsis 12:12).

Este versículo apunta hacia un período cuando Satanás tendrá «poco tiempo». Quizá ese periodo esté muy cerca, pero todavía no se ha cumplido. En realidad nada de lo que ha ocurrido en el cielo hasta este tiempo ha dado cumplimiento a los hechos aquí descritos.

Por lo tanto, debemos ser realistas en cuanto a las actividades presentes de Satanás. Muchos cristianos hablan de él como si estuviera confinado en el infierno, pero no es así. Existen dos príncipes malignos que gobiernan el infierno: se llaman Muerte y Hades (cf. Apocalipsis 20:13), pero Satanás mismo deambula libremente por el universo. Este hecho lo describe con claridad Job 1:6-7: «Un día vinieron a presentarse delante del Señor los hijos de Dios, entre los cuales vino también Satanás. Y el Señor le dijo a Satanás: ¿De dónde vienes? Respondiendo Satanás al Señor, dijo: De rodear la tierra y de andar por ella».

Estos versículos indican que Satanás todavía podía llegar ante la presencia del Señor en compañía de los ángeles justos que le sirven. Sin embargo, parece que en esta ocasión el Señor fue el único que lo identificó. Los otros ángeles no lo reconocieron. Este hecho concuerda con la declaración de Pablo en 2 Corintios 11:14: «Y no es maravilla, porque el mismo Satanás se disfraza como ángel de Luz».

Muchos cristianos hablan de Satanás como si estuviera confinado en el infierno, pero no es así.

En el siguiente capítulo comenzaremos a analizar cómo es que este conflicto en los cielos afecta nuestra vida diaria.

2

¡La Vida es una Batalla!

Una cosa que desde el comienzo es bastante obvia para la mayoría de nosotros es que la vida está llena de conflicto, lucha y guerras. Muchos lo aceptamos sencillamente como un hecho sin hacer muchas preguntas. Sin embargo, hace algunos años comencé a meditar en este asunto y me pregunté: *¿cuál es la causa de todo el conflicto en el mundo? ¿Hemos aceptado como normal algo que no lo es? ¿Por qué existen las guerras? ¿Por qué las luchas, los conflictos y las disputas? ¿Nos dan las Escrituras una explicación clara de la causa de este conflicto? ¿Tuvo un comienzo y durará para siempre?*

Estos son interrogantes que me he formulado durante muchos años. Lo que le comparto a través de este libro es el fruto de mucha meditación, oración y estudio, y también de experiencia práctica.

Cuando miramos el Nuevo Testamento, nos damos cuenta que la guerra, el conflicto, y asumir una actitud de «soldado espiritual» se aceptan como parte normal de la vida cristiana. Este conflicto no es algo excepcional que algunos cristianos encuentran. La Biblia enseña que todos los creyentes deben estar preparados para enfrentar la contienda y la lucha en el ámbito espiritual.

Miraremos primero varios pasajes bíblicos que muestran esta guerra como algo normal en la vida cristiana. Luego escudriñaremos las Escrituras para ver cómo empezó todo esto.

El soldado cristiano

Nuestra primera referencia es 2 Corintios 10:3-5:

> «Pues aunque andamos en la carne, no militamos según la carne; porque las armas de nuestra milicia no son carnales, sino poderosas en Dios para la destrucción de fortalezas, derribando argumentos y toda altivez que se levanta contra el conocimiento de Dios, y llevando cautivo todo pensamiento a la obediencia a Cristo».

Pablo está hablando aquí de *todos* los cristianos. Dice que libramos una guerra no en el ámbito humano sino en el espiritual. Tenemos armas para nuestra lucha, y estamos atacando y destruyendo fortalezas. De ahí que el apóstol utilice cuatro expresiones militares en estos tres versículos: *milicia, armas, destrucción de fortalezas y toma de cautivos.* Todo esto es parte esencial e inevitable de la vida cristiana.

La Biblia enseña que todos los creyentes deben estar preparados para enfrentar la contienda y la lucha en el ámbito espiritual.

---

es uno de los errores más grandes del cristianismo contemporáneo: nos vemos como si estuviéramos a la defensiva. Tomemos como ejemplo el bien conocido libro de Jesse Penn-Lewis titulado *La guerra contra los santos.* Desde el mismo título se asume que nuestro enemigo es el que tiene la iniciativa, y eso es un error. *Somos nosotros, los cristianos, los que debemos estar haciendo guerra contra nuestro enemigo.* No debemos esperar a ver qué es lo que el enemigo nos hará.

En Mateo 16:18, Jesús hace una promesa en relación con su Iglesia: «Sobre esta piedra edificaré mi iglesia, y las puertas del reino de la muerte no prevalecerán contra ella» (NVI).

En la guerra de aquellos tiempos, la puerta de una ciudad era el punto débil sobre el cual un ejército invasor concentraba principalmente sus ataques. Por lo tanto, Jesús promete que nosotros (la Iglesia), tomaremos la ofensiva contra las fortalezas satánicas, penetraremos por sus puertas y el enemigo no podrá repelernos. Somos nosotros los que debemos mantener al enemigo en una actitud de suspenso: «¿Qué será lo siguiente que estos cristianos me harán?». Parte del propósito final de este libro es restaurar la iniciativa del pueblo de Dios.

En 1 Timoteo 1:18, Pablo le habla a su discípulo Timoteo como ministro del Evangelio: «Este mandamiento, hijo Timoteo, te encargo, para que conforme a las profecías que se hicieron antes en cuanto a ti, milites por ellas la buena milicia».

Timoteo fue un joven que, desde la edad temprana, fue llamado al ministerio del Evangelio. Había profecías que delineaban el tipo de ministerio al cual Dios lo llamaba. Éstas le advertían del conflicto, la oposición y aun el peligro que tendría que enfrentar. Por eso Pablo le dice: «Quiero que recuerdes estas profecías que has recibido y que a su luz pelees la buena batalla. Debes servir de todo corazón con valor y dedicación en la lucha espiritual que es el resultado directo de tu compromiso de servir a Jesucristo». Otra vez vemos aquí la palabra *milicia*.

En 2 Timoteo 2:3-4, el apóstol retoma el mismo tema, y aplica a su discípulo el calificativo de *soldado* para describir su servicio cristiano.

> «Tú, pues, sufre penalidades como buen soldado de Jesucristo. Ninguno que milita se enreda en los negocios de la vida, a fin de agradar a aquel que lo tomó por soldado».

Pablo da por sentado que Timoteo es un soldado comprometido en una lucha espiritual, escogido para ella por el Señor Jesucristo. Por lo tanto, debe conducirse de manera apropiada con su condición de soldado. Habiendo servido en el Ejército Británico durante cinco años y medio, sé como es la vida de un soldado, totalmente diferente a la de un civil. Y el apóstol trae a colación esta lección para su discípulo como ministro del Evangelio: «Tú no puedes vivir como las demás personas. Tú tienes un llamamiento especial y responsabilidades especiales. Has sido separado, tal como lo es un soldado, para una forma de vida especial». Y otra vez notamos la presunción que la vida cristiana implica lucha.

Volviendo a Efesios 6:12 encontramos otro cuadro vívido de la vida cristiana:

> «Porque no tenemos lucha contra sangre y carne, sino contra principados, contra potestades, contra los gobernadores de las tinieblas de este siglo, contra huestes espirituales de maldad en las regiones celestes».

Pablo ilustra aquí la vida cristiana con una metáfora tomada de los Juegos Olímpicos: la lucha. Dice que los cristianos estamos involucrados en una lucha. La lucha exige el esfuerzo de toda la persona como tal, es el más corporal de todos los deportes. Y es el tipo específico de competencia que el apóstol utiliza para ilustrar lo que es la vida cristiana.

Permítame hacerle una traducción más literal de este versículo: *porque nuestra lucha no es contra carne y sangre, es decir, contra meras personalidades humanas, sino contra principados (o dominios), contra autoridades, contra los dominadores de esta presente oscuridad, contra espíritus de maldad en los cielos.*

Estas afirmaciones provocan muchas preguntas que procuraremos responder a medida que avanzamos a través de este libro. Pero mire el notable cuadro que se presenta ante nosotros: los cristianos involucrados en una lucha no contra seres humanos sino contra entes espirituales cuya acción no se limita a la tierra, también se extiende hasta los ámbitos celestiales.

La vida cristiana no es precisamente dulzura y música de arpas. Cada cristiano comprometido encuentra que la guerra es parte integral de su experiencia cristiana total. Por cuanto nuestro gobierno en los cielos está en guerra, nosotros aquí en la tierra automáticamente estamos en guerra también.

Permítame ilustrar este hecho mediante un ejemplo de mi experiencia personal. En 1939 era un ciudadano británico residente en Gran Bretaña. El 3 de septiembre el gobierno británico declaró oficialmente la guerra contra la Alemania nazi. Por cuanto mi gobierno declaró la guerra, automáticamente resulté involucrado. Esto no fue mi decisión, sencillamente estaba en guerra contra Alemania. Si me hubiese negado a aceptar ese hecho, habría faltado a mis obligaciones como ciudadano británico. No tuve que tomar una decisión, ya estaba decidido.

No obstante, se me dio la libertad de escoger una rama de las fuerzas armadas en la cual podría prestar mis servicios. Me ofrecí como voluntario para realizar tareas médicas como no combatiente, el resultado fue que pasé cinco años en los cuerpos médicos de la Armada Real Británica. El mismo principio es válido en el ámbito espiritual. Nuestro gobierno celestial está en guerra con el reino de Satanás. Por lo tanto, se nos demanda que ocupemos nuestro lugar como soldados en esta guerra. Como en mi caso personal, quizá se nos conceda la oportunidad de elegir el campo de servicio, pero no tenemos la opción de permanecer al margen de la contienda.

La vida cristiana no es precisamente dulzura y música de arpas. Cada cristiano comprometido encuentra que la guerra es parte integral de su experiencia cristiana total.

La verdad acerca de la lucha espiritual es sustentada por la forma en que la Biblia habla de Dios mismo como un Comandante Militar. Este lenguaje no aparece una o dos veces sino que se repite a través de todas las Escrituras. Por ejemplo, Éxodo 15:3 registra un canto que Moisés y los hijos de Israel cantaron después de atravesar las aguas del Mar Rojo. Al ver el juicio de Dios en la aniquilación de todo el ejército egipcio, los israelitas expresaron su gratitud y su sentimiento de triunfo y victoria mediante esta canción. «El Señor es un guerrero; su nombre es el Señor» (NVI).

En el original hebreo, cuando se escribía con mayúsculas la palabra *Señor*, representaba el nombre sagrado escrito con cuatro letras y traducido como «Jehová» o «Yahvé». Los eruditos modernos se inclinan por utilizar el nombre Yahvé. De modo que podemos traducir el versículo así: «El Señor es un guerrero; su nombre es Yahvé». El versículo que sigue dice: «El Señor arrojó al mar los carros y el ejército del faraón; los mejores oficiales egipcios se ahogaron en el Mar Rojo» (v. 4 NVI).

Note que Dios, como Comandante Militar, ha infligido una derrota total a los enemigos de su pueblo. No estamos aquí ante una metáfora solamente sino que el texto bíblico expresa realmente el resultado de la acción.

Luego, en Josué 5, vemos a Jericó sitiada por el ejército de Israel. No hay duda de que Josué está procurando delinear un plan estratégico para capturar esta bien defendida y mejor fortalecida ciudad. Mientras lo hace, se aparece ante él un varón que no es hombre ordinario sino el mismo Señor. Los siguientes versículos nos hacen la descripción:

> «Estando Josué cerca de Jericó, alzó sus ojos y vio un varón que estaba delante de él, el cual tenía una espada desenvainada en su mano. Y Josué, yendo hacia él, le dijo: ¿Eres de los nues-

tros, o de nuestros enemigos? Él respondió: No; mas como Príncipe del ejército de Jehová he venido ahora. Entonces Josué, postrándose sobre su rostro en tierra, le adoró; y le dijo: ¿Qué dice mi Señor a su siervo? Y el Príncipe del ejército de Jehová respondió a Josué: Quita el calzado de tus pies, porque el lugar donde estás es santo. Y Josué así lo hizo» (Josué 5:13-15).

Aquí tenemos a un Personaje Divino que se acerca a Josué (con su espada desenvainada) y revela su identidad: «Soy el capitán del ejército del Señor». Yo no tengo ninguna duda de que este personaje fue el mismo que posteriormente en la historia se manifestó como Jesús de Nazaret, el Eterno Hijo de Dios. Este Comandante no es el Padre sino el Hijo.

Esta es una de las muchas escrituras del Antiguo Testamento en las cuales Él se manifestó a los seres humanos, incluyendo a Abraham, Jacob, Moisés y Josué. El «Señor» se presentó a Sí mismo como Comandante Militar, y tenía espada en su mano. Esta es una parte del cuadro total de Dios en la Biblia.

En el Salmo 24:8 ocurre una presentación similar del Señor: «¿Quién es este Rey de gloria? Jehová el fuerte y valiente, Jehová el poderoso en batalla».

Estas palabras son tan vívidas para mí por cuanto en la Segunda Guerra Mundial presté mis servicios en el Octavo Ejército Británico en el desierto del norte de África. Nuestras fuerzas sufrieron una serie de reveses; de hecho tomé parte en la retirada más larga del Ejército Británico registrada en la historia: ¡Alrededor de mil ciento veinte kilómetros de retirada continua! Llegamos a las puertas del Cairo, a un lugar llamado el Alamein, y entonces el gobierno británico, dirigido por Winston Churchill, nombró un nuevo comandante de apellido Montgomery. Ciertamente necesitábamos un nuevo comandante, pues la disciplina, la moral y la eficacia de las fuerzas británicas estaban en condición desastrosa. Como un nuevo cristiano, yo oraba: «Señor, danos un líder tal que las victorias que nos des a través de él sean para tu gloria». Luego peleamos y ganamos la batalla de Alamein, en realidad la primera victoria de los Aliados en la guerra, y un hecho crucial y decisivo.

Más o menos dos días después de la batalla estaba yo en el desierto con un pequeño radio portátil en la parte trasera de mi camión. Escuchaba al comentarista de noticias dando un resumen de los preparativos para la batalla de Alamein que él había presenciado en el comando británico. Relataba que el General Montgomery (hasta entonces una figura desconocida) reunió antes de la batalla a sus oficiales y soldados, y les dijo en público: «Pidamos al Señor, poderoso en batalla, que nos dé la victoria». Fue como si en ese momento Dios hubiera hablado y me hubiese dicho: *¡esta es la respuesta a tu oración!* Montgomery tomó sus palabras del Salmo 24:8 que citamos anteriormente: «¿Quién es este Rey de gloria? Jehová el fuerte y valiente, Jehová el poderoso en batalla».

¡La Biblia enfatiza continuamente que el Señor es varón de guerra! En las Escrituras encontramos más de cien versículos en donde se le llama «Señor de los ejércitos» o «Dios de los ejércitos». Él es el Dios de los ejércitos, el «Señor de los ejércitos».

Por ejemplo, Isaías 13:4 utiliza esta palabra para declarar la profecía del juicio de Dios sobre Babilonia. Históricamente dicha ciudad fue capturada y destruida por ejércitos. Sin embargo, antes de que todo eso ocurriera, al profeta se le concedió una visión del juicio de Dios sobre esta ciudad; y él pinta un vívido cuadro de la gran compañía de naciones reunidas contra ella:

«Estruendo de multitud en los montes, como de mucho pueblo; estruendo de ruido de reinos, de naciones reunidas; Jehová de los ejércitos pasa revista a las tropas para la batalla».

La palabra hebrea *tsava* traducida aquí como ejércitos es la palabra o el nombre del ejército actual de Israel. Nunca ha cambiado su significado. Dios todavía es el «Señor de los ejércitos» y todavía puede reunir (y en efecto reúne) sus fuerzas para la batalla.

Cómo empezó la guerra

Durante muchos años he reflexionado acerca del trasfondo del conflicto en nuestro mundo. ¿Cuál es la raíz o la causa de la lucha y la turbación en todo lado? ¿Quiénes son las fuerzas opositoras? Hemos visto que Dios es un Comandante Militar y que nosotros hacemos parte de un ejército bajo sus órdenes. Pero, ¿contra qué o quién es la lucha?

Busquemos respuesta a la primera pregunta. El trasfondo (la causa primaria) de todo desasosiego, guerra y conflicto se puede resumir en una sola palabra: *rebelión*. Esa es la raíz del problema en el universo, la rebelión contra el gobierno justo de Dios. Nuestro mundo hoy está lleno de rebeldes.

Podemos pensar en ello de esta manera. Los problemas humanos se pueden describir utilizando la analogía de un árbol y sus tres partes principales: ramas, tronco y raíces. Veo que la mayoría de la gente se preocupa por las ramas. Si usted quiere remover un árbol y solamente corta unas cuantas ramas, en realidad no ha cambiado mucho las cosas. Es el tronco el que sostiene las ramas, y son las raíces las que alimentan al tronco.

Piense en una mujer que se convierte en alcohólica. La adicción al alcohol es solamente el síntoma, o sea la rama. Necesitamos mirar más abajo, al tronco y las raíces, esto es, a su actitud y su relación con el esposo. Tal vez él le ha sido infiel o gasta el dinero en una forma que ella no aprueba, tal vez abusa emocionalmente de los hijos. La amargura y el resentimiento que ha acumulado contra su esposo son el tronco y las raíces. Nunca resolveremos su problema tratando solamente con su alcoholismo, tenemos que tratar con su actitud y la relación con el esposo. ¿Está dispuesta a perdonarlo y a recibirlo otra vez? Si no es así, aunque logre deshacerse de su alcoholismo, vendrá otra adicción o problema similar.

Generalmente la Iglesia, en la mayoría de las veces, se ocupa sólo de las ramas. Normalmente no llega al segundo nivel para tratar con el tronco, y mucho menos con las raíces. Debemos profundizar hasta encontrar la *raíz del problema*, y esta es la rebelión.

Al presentar a la humanidad el mensaje del Evangelio y a Jesús, Juan el Bautista hace una declaración categórica: «Y ya también el hacha está puesta a la *raíz* de los árboles; por tanto, todo árbol que no da buen fruto es cortado y echado en el fuego» (Mateo 3:10 *é.a*).

El mensaje del Evangelio es *radical,* es decir, que trata con la raíz. Al respecto, lo que Dios dice es: «No estoy satisfecho con cortar sólo las ramas, o aun el tronco. Estoy tratando con la raíz que es la voluntad procurando independizarse de mí». La independencia de Dios inevitablemente se torna en desafío.

Las presentaciones contemporáneas del Evangelio no son suficientemente profundas. No tratan con el pecado de rebelión contra Dios. Nos sorprendería descubrir cuántos buenos miembros de las iglesias a nuestro alrededor nunca se han sometido en verdad a Dios.

Mire la oración del Señor, que es un pasaje bastante familiar de las Escrituras. Note las primeras frases de este modelo de oración que se encuentra en Mateo 6:9-13:

«Vosotros, pues, oraréis así: Padre nuestro que estás en los cielos, santificado sea tu nombre. Venga tu reino. Hágase tu voluntad, como en el cielo, así también en la tierra. El pan nuestro de cada día, dánoslo hoy. Y perdónanos nuestras deudas, como también nosotros perdonamos a nuestros deudores. Y no nos metas en tentación, mas líbranos del mal; porque tuyo es el reino, y el poder, y la gloria, por todos los siglos. Amén».

Estas primeras frases definen la actitud integral y la atmósfera de esta oración. En primer lugar oramos como miembros de un cuerpo, y no decimos Padre «mío» sino Padre «nuestro», pues hay otras personas, además de nosotros, involucradas en esta relación con Dios. Uno de los grandes problemas que tiene gente es pensar que nadie más ha sufrido lo que ellas están sufriendo. Yo escucho esta queja todo el tiempo: «Nadie más ha sufrido como yo, hermano Prince. Usted no sabe por lo que he pasado». Muchas personas me han dicho exactamente lo mismo.

Uno de los grandes problemas que tienen las personas es pensar que nadie más ha sufrido lo que ellas están sufriendo.

La Biblia nos enseña a considerarnos miembros de un solo cuerpo. El posesivo *nuestro* es muy importante: «Padre nuestro». Se nos recuerda que somos hijos e hijas de Dios. Tenemos el derecho de acercarnos a Él como Padre, pero no podemos olvidar que somos hermanos y hermanas en nuestra familia celestial.

Luego tenemos que aprender a ser reverentes y respetuosos: «Santificado sea tu nombre». Pocos en la Iglesia de hoy tienen una genuina reverencia a Dios. Exigimos conformidad en el comportamiento exterior, pero ello es muy diferente a honrar, respetar y temer al Dios Todopoderoso. «Santificado sea tu nombre».

La frase siguiente es: «Venga tu reino». Dios tiene un reino y su propósito final en esta dispensación es establecer ese reino en la tierra. Cuando yo digo: «Venga tu reino», estoy poniéndome en línea con los propósitos de Dios, no se trata de una frase religiosa solamente. Estoy diciendo: «Dios, que venga tu reino, aquí estoy listo a hacer mi parte para que eso ocurra». Por eso lo declaro, porque me identifico con el propósito de Dios.

Luego digo: «Hágase tu voluntad, como en el cielo, así también en la tierra». ¿Cómo es que se hace la voluntad de Dios en el cielo? Tal como lo entiendo, se hace su voluntad perfectamente, sin dificultades ni tropiezos, sin frustraciones ni demoras. La voluntad de Dios se cumple de una manera perfecta en los cielos. Jesús nos enseñó a orar para que ocurra lo mismo en la tierra. Si Jesús nos enseñó a orar de esa manera, existe la posibilidad de que así sea. No creo que el Señor nos enseñara a orar por algo que fuera absolutamente imposible. Pero cuando yo oro diciendo: «Hágase tu voluntad en la tierra» ¿sabe en dónde tiene que empezar a ocurrir? ¡En mí! Tengo que someterme yo mismo sin reservas a la voluntad de Dios.

Pienso en la conversión de Charles Finney, que fue uno de los más grandes predicadores que la Iglesia haya conocido, y un hombre con un destacado ministerio de producir convicción y conversión en los pecadores. Uno de los hechos notables en el ministerio de Finney como evangelista es que, alrededor de dos tercios de sus convertidos, permanecían firmes como cristianos. En contraste, se estima que sólo aproximadamente un tercio de los convertidos de T. L. Moody se mantenían firmes en la fe. Había algo en el ministerio de Finney que producía una profunda convicción, y yo creo que eso tiene que ver con su conversión.

Finney era un respetable abogado cuando alguien lo confrontó con el Evangelio y le hizo ver su necesidad de la salvación. Lo pensó y se hizo esta reflexión: «Bien, si hay tal cosa como salvación, probablemente necesito ser salvo. Sería bueno serlo».

Como era un abogado de prestigio, pensó que no sería honroso ser salvo en público, de modo que se fue al campo, a la arboleda.

En plena floresta decidió orar, pero se preguntó: «Bueno, ¿qué es lo que oraré? El Padre Nuestro, no hay nada malo en orar la oración modelo del Señor».

Y comenzó: «Padre nuestro que estás en los cielos, santificado sea tu nombre. Venga tu reino...». Antes de repetir la siguiente frase: «Hágase tu voluntad, como en el cielo, así también en la tierra...», entendió que esto lo involucraba a él personalmente. No podía decir «hágase tu voluntad en la tierra» a menos que estuviera preparado para someter sin reservas su propia vida a la voluntad de Dios, de lo contrario, no sería más que un hipócrita.

En ese momento, el Espíritu Santo lo tocó mediante esa frase: «Hágase tu voluntad», y le mostró lo rebelde que era en realidad: un religioso educado, respetable, cumplidor de la Ley, pero rebelde. Dios trató con él de una manera poderosa, lo quebrantó y llevó a un estado de completa sumisión.

Poco tiempo después Dios lo bautizó con el Espíritu Santo, y no hay duda de lo que le ocurrió. Él mismo lo dijo: «Recibí un poderoso bautismo del Espíritu Santo y, literalmente, le di rienda suelta a lo que había en mi alma». Él recibió una capacidad de expresión que hoy llamamos una lengua desconocida. Ahí está el verdadero secreto: en primer lugar, una profunda convicción; y en segundo, una poderosa unción del Espíritu Santo.

Retornando a nuestro texto, «Hágase tu voluntad», encontramos que significa: «Señor, ya no seré más un rebelde». Pero muchas personas que regularmente repiten la oración del Señor nunca han tomado consciencia de a qué están dedicando sus vidas. He descubierto que las personas jamás tienen una paz interior profunda, estable y permanente, hasta que se someten totalmente al Dios Todopoderoso. Ese es el mensaje de Isaías 57:

«Produciré fruto de labios: Paz, paz al que está lejos y al cercano, dijo Jehová; y lo sanaré» (v. 19).

Dios ofrece paz y sanidad a todos los hombres. La frase «al que está lejos», generalmente se refiere a los Gentiles, mientras que la expresión «al cercano» se refiere a Israel. Dios está ofreciendo paz y sanidad a toda la gente pero algunos nunca pueden recibir paz porque no pueden deponer sus armas de rebelión. Por eso Dios sigue diciendo: «Pero los impíos son como el mar en tempestad, que no puede estarse quieto, y sus aguas arrojan cieno y lodo. No hay paz, dijo mi Dios, para los impíos» (vv. 20-21).

No podemos lograr descanso mientras mantengamos esa actitud de rebelión. Somos como las olas del mar, yendo y viniendo continuamente, arrojamos lodo y cieno a la playa. Mire el mar, no tiene descanso, ahora mire estas palabras: «Los impíos (rebeldes) son como el mar en tempestad, no puede estarse quieto... no hay paz... para los impíos». La prueba más convincente de que usted está viviendo una vida justa es que tiene una paz interior profunda, estable y permanente. En realidad pocas personas en nuestros días viven reposadamente.

Dios ofrece paz y sanidad
a todos los hombres.

Mientras ministraba una vez en Nueva Zelanda, algunos amigos bautistas contaron una experiencia vivida en su clase de escuela dominical cuando asistían a la preparatoria. Una joven enfermera que no era cristiana llegó a la clase una mañana y retó al maestro, le dijo: «Creeré eso de su paz interior cuando ya no tenga que darles continuamente sedantes y tranquilizantes a los miembros de esta iglesia que visito en sus hogares». Si ustedes en verdad tienen paz y alegría, ¿para que entonces los sedantes? ¿Qué razón hay para todos esos tranquilizantes? Donde existen aquellas no hay lugar para estos últimos».

¡Y esa es la verdad! Por eso es que digo que pocas personas en nuestra sociedad contemporánea poseen una paz real, profundamente arraigada en su ser interior. ¿La razón? Somos un mundo de rebeldes. Muchas veces lo somos como religiosos, pero rebeldes al fin y al cabo. Creo que se acerca una confrontación, un choque entre Dios y los pueblos de la cultura occidental. Visualizo tal cosa en mi espíritu y alabo a Dios por eso. ¡La clave del asunto será sumisión total! *Si el Dios Todopoderoso está dispuesto a venir a mi vida, sólo hay una cosa lógica que le puedo ofrecer: que ejerza total señorío sobre mi vida, que sea el Supremo en ella.* Cualquier cosa menos eso es una farsa.

Nosotros mismos confrontamos este hecho de la rebelión. Rebelión en nuestro interior, en el mundo que nos rodea, contra los gobiernos, de los estudiantes contra los maestros, de los hijos contra los padres, rebelión contra Dios. En todas partes vemos esta cizaña que brota y que crece. ¿Cuándo comenzó la rebelión? ¿Quién fue el primer rebelde?

3
———

Un Mundo Preadánico

L os eruditos han especulado bastante sobre la posible existencia de una raza preadánica. Sin embargo, las Escrituras no nos suministran suficiente información al respecto para hablar de ella con certeza. Las respuestas e impresiones que aquí comparto con usted son el resultado de estudio, meditación, oración y experiencia práctica, pero no pretendo por eso haber respondido todas las preguntas que puedan surgir, pues en estas cuestiones el campo de especulación no tiene límites. Sin embargo, no debemos permitir jamás que las cosas que no comprendemos arrojen sombras sobre las verdades que Dios nos ha hecho entender con claridad.

Tal como lo mencioné en el prefacio, hay ciertos asuntos que surgen del estudio de las Escrituras que plantean muchos interrogantes. Tras décadas de meditación sobre los primeros versículos del libro de Génesis, he llegado a la conclusión que el juicio de Dios contra la rebelión pudo haber ocurrido antes de los seis días de la creación. En Génesis 1:2 dice que «la tierra estaba desordenada y vacía» (en Hebreo *tohu va bohu)*. Mi examen de otros versículos en donde se usa esta frase sugiere que ella siempre describe el efecto de algún acto de juicio por parte de Dios. Esto indicaría que el primero de esos juicios tuvo lugar entre los versículos 1 y 2. Posiblemente pudo haber sido el juicio de la rebelión original de Satanás. Está fuera del alcance de este libro analizar todos los detalles del hecho. Creo, sin embargo, que esta es un área que puede proveernos luz y discernimiento cuando efectuamos intercesión y guerra espiritual.

Contrario a lo que muchas personas piensan, la rebelión no empezó en la tierra sino en el cielo. No comenzó con un ser humano sino con un arcángel que llegó a ser conocido como Satanás, aunque su nombre original era Luzbel. Él ya había alienado a una compañía de ángeles que estaban bajo su liderazgo, antes de enfocar su atención en la humanidad.

Génesis 3:1-13 registra la manera en que Satanás, en forma de serpiente, se acercó a Adán y Eva, los padres de la humanidad y los sedujo para que se rebelaran. En respuesta a su acción, Dios pronunció un juicio profético contra Satanás y la mujer.

«Dios el Señor dijo entonces a la serpiente: «Por causa de lo que has hecho, ¡maldita serás entre todos los animales, tanto domésticos como salvajes! Te arrastrarás sobre tu vientre, y comerás polvo todos los días de tu vida. Y pondré enemistad entre tú y la mujer, y entre tu simiente y la de ella; su simiente te aplastará la cabeza, pero tú le morderás el talón»» (vv. 14-15 NVI).

Este es el primer caso en las Escrituras en el que ocurre una predicción profética directa relativa a acontecimientos futuros, la cual se enfoca en dos grupos: los descendientes de la serpiente y los descendientes de la Mujer. La predicción es que habría un continuo conflicto entre ellos, con el resultado de que el talón de los descendientes de la Mujer sería herido, y la cabeza de la serpiente sería aplastada. Pero la herida en el talón humano no constituiría una derrota final, en cambio la herida en la cabeza de la serpiente sí. Una serpiente con la cabeza aplastada ha sido puesta fuera de acción.

Adán y Eva cayeron en la trampa de Satanás. Parecía que el predeterminado propósito de Dios se había frustrado. Situaciones similares ocurren en las revelaciones proféticas posteriores, pero es característico del obrar de Dios que en tales casos tenga siempre un «plan secreto». Es un hecho que Dios siempre se anticipa a las crisis y tiene en su mente la respuesta preparada, generalmente desde mucho tiempo atrás. En este caso, el descendiente de la Mujer se reveló posteriormente en la historia como Yeshua Ben David: Jesús, el Hijo de David. La profecía relativa a la herida en el talón de la mujer se cumplió con el sufrimiento que Jesús soportó por nuestra redención. Su obra terminada hizo que la salvación estuviera disponible para cada descendiente de Adán que cumpla con las condiciones requeridas.

Es un error común de la gente tomar la Biblia como una historia condensada del universo, no lo es. Ella es la historia de cierto hombre llamado Adán y de sus descendientes. Se incluyen otros aspectos de la historia por cuanto nos ayudan a entender los tratos de Dios con Adán.

No comprender este propósito especial con el cual fue escrita la Biblia ha sido causa de muchos de los supuestos conflictos (aunque no de todos) entre lo que dice la Escritura y lo que afirma la ciencia secular. El enfoque de la ciencia es general e incluye toda la historia del universo, mientras que el de la Escritura es limitado y específico, y se concentra en la historia de un hombre (Adán) y sus descendientes. No dice nada respecto a otras razas que hayan podido existir. No niega su existencia pero tiene poco o nada que decir acerca de ellas.

¿Por qué es este hombre, Adán, tan importante? Porque en su eterno consejo, Dios, había predeterminado que a través de sus descendientes, enviaría a la tierra a su Hijo unigénito, el Señor Jesús. Esto hace el destino de la raza Adánica distinto al de las otras razas que quizá hayan existido.

Recuerde que Adán es un nombre propio. Dondequiera que en el Antiguo Testamento leamos acerca de los «hijos de los hombres», se está haciendo referencia a los hijos de Adán. El tema central de la Biblia es Adán y sus descendientes. Creo que el método de la creación de Adán y su relación con Dios, que se desarrolló después, fue único.

Sin embargo, no conozco nada en la Escritura que implique que Adán fuera el primero o el único ser de un tipo similar al linaje humano que viviera alguna vez sobre la tierra. Pienso que es perfectamente posible que hubiesen existido una o varias razas antes de Adán, pero la Biblia no trata de ellas. La Biblia es básicamente una revelación para nosotros, los miembros de la raza Adánica, para decirnos cosas que necesitamos saber, para nuestro beneficio espiritual.

Esta revelación contiene otros hechos importantes, pero en realidad son como el marco que enmarca un cuadro o pintura. El cuadro en sí es Adán, sus descendientes y la manera en que Dios trata con ellos. Las otras cosas que han sido reveladas no son tanto parte del cuadro como del marco. Para ver el cuadro con claridad, debemos tener el marco correcto. Tenga en mente que la Biblia habla esencialmente de Adán y sus descendientes.

La Biblia es básicamente una revelación dada a nosotros, los miembros de la raza Adánica, para decirnos cosas que necesitamos saber, para nuestro beneficio espiritual.

Uno de los títulos principales que se le da a Jesús en el Nuevo Testamento es «el Hijo del Hombre». Este título es una traducción directa de la frase hebrea *Ben Adam,* esto es: «Hijo de Adán». En realidad, Jesús mismo utilizó este título más de ocho veces en los evangelios y, deliberadamente, se proclamó a Sí mismo como el Hijo de Adán.

Posteriormente, en 1 Corintios 15:45, el apóstol Pablo llama a Jesús el «postrer Adán». En el orden biológico descendente, Jesús no fue, de ninguna manera, el representante final de la raza Adánica. Muchos miles de descendientes de Adán han nacido después de Él. Pero sí fue el último en el sentido de que plena y finalmente Él conquistó el mal que había caído sobre su raza.

41

*Si hubiera un solo versículo en la Biblia
y ese fuera Génesis 1:1, personalmente
lo reconocería como inspirado.*

Al confrontar la rebelión de Adán y Eva, Dios puso en marcha su «plan secreto» concebido en la eternidad. Históricamente este plan tuvo cumplimiento en la vida, muerte y resurrección de Jesús. Él, el Hijo de Adán, fue el «arma secreta» de Dios.

No tengo manera de dar una fecha cronológica exacta de los seis días que culminaron con la creación de Adán.

En el siglo diecisiete, el Arzobispo Ussher de la iglesia Anglicana, publicó una obra titulada «Anales del Antiguo y del Nuevo Testamento». Utilizando la *King James Version (KJV)*, calculó que la fecha de la creación descrita en Génesis fue el año 4004 antes de Cristo. En la primera Biblia que tuve, regalo de mi madre, esta fecha está escrita en el margen.

Sin embargo, muchos cristianos ya no la toman en serio. La Biblia deja abierta la posibilidad de que la creación descrita en Génesis 1:2, y versículos siguientes, haya estado precedida por un período indeterminado de la historia que bien podría ser de miles o aún de millones de años. En mi opinión el número de años carece de importancia al medir dicho período.

Los eruditos han ofrecido diferentes interpretaciones de los primeros versículos de la Biblia. La ciencia secular también ha hecho su contribución, la cual no se puede ignorar. Por mi parte, no sé de nada que excluya la posibilidad de períodos sucesivos de actividad divina previos a la creación de Adán. En adelante me referiré a ellos como «períodos preadánicos». Hay indicaciones de que algo había estado ocurriendo por largo tiempo antes de que nosotros (Adán y sus descendientes) entráramos en escena. Si pudiéramos ver ese tiempo tal como Dios, podríamos clasificarlo, subdividirlo y reconocer en él diferentes períodos o épocas.

Quiero concentrar mi atención solamente en un aspecto del relato bíblico: la creación de los cielos y de la tierra.

En los primeros versículos de la Escritura encontramos una de esas tremendas declaraciones que nunca pierden su impacto. Si hubiera un solo versículo en la Biblia y ese fuera Génesis 1:1, personalmente lo reconocería como inspirado. A mí, él habla con autoridad. Aun cuando era un incrédulo y escéptico nunca pude descartar el hecho de que había autoridad allí, y que llegaría el momento en que tendría que enfrentarlo. En su debido momento lo hice.

Aquí tiene la declaración que nos confronta: «En el principio creó Dios los cielos y la tierra». Fijemos nuestra atención por un momento en el orden de los hechos que se mencionan aquí.

Cuando los ángeles cantaron

Varios pasajes de la Escritura nos indican que Dios primero creó los cielos y luego los seres que los habitarían. Después creó la tierra. Los cielos y sus habitantes estaban ya en su lugar cuando la tierra fue creada.

En varios lugares del libro de Job encontramos al patriarca discutir con Dios y quejarse de que el Señor no gobernaba el mundo como él esperaba. Las cosas se estaban saliendo de curso, y él sentía que Dios no lo estaba tratando como merecía. Job deseaba tener una entrevista personal con el Señor.

Entonces, en medio de todo, Dios se aparece en escena (personalmente), causándole a Job el impacto de su vida. El Señor comienza formulando toda una serie de preguntas que Job no puede responder:

> «¿Dónde estabas tú cuando yo fundaba la tierra? Házmelo saber si tienes inteligencia. ¿Quién ordenó sus medidas, si lo sabes? ¿O quién extendió sobre ella cordel? ¿Sobre qué están fundadas sus bases? ¿O quien puso su piedra angular, cuando alababan todas las estrellas del alba, y se regocijaban todos los hijos de Dios?» (Job 38:4-7).

Vemos que cuando el Señor echó las bases de la tierra «alababan todas las estrellas del alba» y se «regocijaban todos los hijos de Dios». Sin duda alguna, en este contexto los «hijos de Dios» son los ángeles. Cuando Dios puso los fundamentos de la tierra, todos los ángeles estaban observando. Los cielos y sus residentes estaban ya completos y todos gozaron el maravilloso espectáculo de la creación de la tierra por parte del Señor.

Tiempo después, al dedicar el templo, Salomón dijo al Señor: «Mas, ¿es verdad que Dios habitará con el hombre en la tierra? He aquí, los cielos y los cielos de los cielos no te pueden contener; ¿cuánto menos esta casa que te he edificado?» (2 Crónicas 6:18). Cuando Salomón habla de «los cielos de los cielos», describe un cielo que está más alto del cielo que contempla nuestra vista. En un versículo paralelo, Nehemías toca este mismo tema:

> «Tú solo eres Jehová; tú hiciste los cielos, y los cielos de los cielos, con todo su ejército, la tie-

rra y todo lo que está en ella, los mares y todo lo que hay en ellos; y tú vivificas todas estas cosas, y los ejércitos de los cielos te adoran» (Nehemías 9:6).

Como Salomón, Nehemías habla del «cielo» y de «los cielos de los cielos». Esto confirma que hay un cielo que está mucho más alto del que vemos sobre la tierra.

Misterios que descubre la gramática

En los capítulos iniciales del Génesis, ciertas palabras importantes están en forma plural pero no se identifican fácilmente cuando se traducen al español o a otro idioma. En el idioma español, para pluralizar un nombre, normalmente le agregamos una *s*. Por ejemplo, la palabra *libro* se convierte en *libros*, *empleo*, se vuelve *empleos*, y así sucesivamente. En la lengua hebrea, una manera primaria de formar el plural es agregando las dos letras *im*. El nombre de *Dios (Elohim)* y la palabra que designa los *cielos (Shamaim)* tienen forma plural.

*Dios no es un «experimentador»,
Él es un Creador.*

Además, en el hebreo los verbos también tienen formas singular y plural las que deben coincidir con los sustantivos o pronombres a los cuales se aplican. No obstante, aquí, en Génesis 1:1, tenemos un conflicto gramatical inmediato, porque la inflexión verbal *creó* está en forma singular, mientras que el nombre de *Dios,* como se in-

45

dicó antes, está en plural. Aquí, pues, en el primer versículo de la Escritura, se devela el misterio del Dios Triuno: *En Dios existe tanto pluralidad como unidad.*

Como dijimos antes, la palabra *cielo* también es plural: *cielos (Shamaim),* no cielo. Tal como ya lo vimos y lo veremos en secciones subsiguientes de este libro, la Biblia muestra con claridad que hay más de un cielo. De otro lado, la palabra *tierra* es singular. Podemos ver entonces que las dos palabras, *Dios* y *cielo*, tienen forma plural. Otras dos palabras que aparecen en el Génesis también tienen forma plural. La primera es la palabra *vida (chaim):* «Entonces Jehová Dios formó al hombre del polvo de la tierra, y sopló en su nariz aliento de vida, y fue el hombre un ser viviente» (Génesis 2:7).

Dios sopló en Adán aliento de «vidas». Al avanzar a través de la Escritura encontramos que hay varias formas de vida: vida física y espiritual, vida mortal e inmortal. Todos estos conceptos aparecen como en forma de semilla en este capítulo de Génesis, y se desarrollan en el resto de las Escrituras.

Otra palabra hebrea importante que aparece en Génesis, y que tiene forma plural, es la palabra *agua (maim):* «Y el Espíritu de Dios se movía sobre la faz de las aguas» (Génesis 1:2).

La Biblia indica que hay más de una clase de agua. Está el agua natural y el agua de vida. Hay agua arriba en los cielos y bajo los cielos. La promesa final de Dios, relativa al agua, se da en Apocalipsis 22:17: «Y el que quiera tome del *agua de la vida* gratuitamente [sin costo alguno]» (*é.a*).

Cada vez que en la Escritura hay una palabra en plural, existe una buena razón para ello. En efecto, ese mismo hecho gramatical (un sustantivo en forma plural) contiene la revelación.

Dios no creó un desorden

Regresando a los versículos iniciales de Génesis, la conclusión forzosa es que existe un contraste entre la condición de la tierra tal como fue creada originalmente por Dios, según el versículo 1, y la situación que describe el versículo 2.

«En el principio creó Dios los cielos y la tierra.
Y la tierra estaba desordenada y vacía, y las tinieblas estaban sobre la faz del abismo».

Según la describe el versículo 2, la tierra se había convertido en un desastre sin forma, oscuro y acuoso. Todo lo que leo en la Biblia a partir de ese versículo me convence de que esa no es la descripción de la tierra como fue creada originalmente por Dios, de acuerdo con el primer versículo de Génesis. Por el contrario, es la descripción de ella en un estado en el cual se sumió como resultado de hechos que ocurrieron entre los versículos 1 y 2. Esto indicaría que ocurrió algún cataclismo que cambió el orden y la belleza de la tierra que Dios creó originalmente y, como resultado, quedó un vacío sin forma. La frase «*estaba* desordenada y vacía» se podría traducir igualmente como «*llegó a estar* sin forma».

El lenguaje utilizado en el idioma Hebreo es impactante. «Desordenada y vacía» traduce la frase hebrea *tohu va-bohu*. Estas dos palabras que riman deben ir siempre juntas: *tohu* y *bohu*. Otros idiomas también tienen palabras de contenido fonético similar que se utilizan en pareja. Estas frases que riman son similares a la frase hebrea *tohu va-bohu*. Esta describe una situación de desorden. De hecho, las palabras contienen en sí mismas el sentir de la situación que describen.

47

Ahora, examinemos los otros versículos en el Antiguo Testamento en donde se usan estas mismas palabras hebreas *tohu* y *bohu*. Solamente hay otros dos en donde ambas palabras se utilizan juntas. El primero está en Isaías 34. Este capítulo describe un juicio futuro de Dios en el territorio de Edom, el cual es el nombre dado a Esaú, hermano gemelo de Jacob, y a sus descendientes. Edom es el país que queda al oriente del Mar Muerto. La Escritura nos indica que al final de esta era habrá un juicio de Dios terrible, desolador y permanente sobre esa área. Edom será juzgado en forma tal que será un monumento perpetuo al juicio de Dios durante generaciones sucesivas. La descripción es bastante vívida:

> «Porque es día de venganza de Jehová, año de retribuciones en el pleito de Sión. Y sus arroyos se convertirán en brea, y su polvo en azufre, y su tierra en brea ardiente. No se apagará de noche ni de día, perpetuamente subirá su humo; de generación en generación será asolada, nunca jamás pasará nadie por ella» (Isaías 34:8–10).

El versículo siguiente es el que contiene la frase *tohu va-bohu:*

> «Se adueñarán de ella el pelícano y el erizo, la lechuza y el cuervo morarán en ella; y se extenderá sobre ella cordel de destrucción [*tohu*], y niveles de asolamiento [*bohu*]» (v. 11 *é.a*).

Esta es una metáfora del cordel de medir y la plomada del arquitecto. Con el cordel mide horizontalmente, y con la plomada verticalmente. El juicio de Dios se resume en esta frase descriptiva. Será el cordel de medir de «destrucción» (*tohu*), y la plomada de «asolamiento» (*bohu*). En otras palabras, ¿qué es lo que va a ocurrir? *Total destrucción.* Edom será entregada a destrucción de tal modo que, en lo sucesivo, se convertirá en un recordatorio del juicio de Dios. El cuadro completo pinta el enojo y la ira de Dios desatados en un juicio desolador.

El otro versículo en donde se encuentran juntas estas dos palabras *tohu* y *bohu* es Jeremías 4:22–23, en donde otra vez esta asociación expresa juicio. Y ese juicio que aquí se describe se refiere a Israel. En Jeremías 4:22, Dios revela la razón: «Porque mi pueblo es necio, no me conocieron; son hijos ignorantes y no son entendidos; sabios para hacer el mal, pero hacer el bien no supieron».

Este es un cuadro de rebelión y de maldad rebosantes. Entonces se le da a Jeremías una visión del juicio venidero: «Miré a la tierra y he aquí que estaba asolada [*tohu*] y vacía [*bohu*]; y a los cielos, y no había en ellos luz» (v. 23 *é.a*).

Aquí encontramos otra vez la expresión «sin forma (desordenada) y vacía», *tohu* y *bohu*. Pinta un cuadro de desolación como resultado del juicio de Dios sobre la maldad.

En toda la Escritura sólo hay tres lugares en donde se encuentran juntas estas dos palabras, *tohu* y *bohu*. Génesis 1:2; Isaías 34:11 y Jeremías 4:23. Los dos últimos versículos describen una escena de desolación causada por el juicio de Dios sobre la terrible maldad. Y Génesis 1:2 concuerda perfectamente con estos otros dos versículos, si lo interpretamos también como un cuadro del juicio de Dios sobre actos de maldad, que en este versículo no se describen en detalle.

Ahora, examinemos algunos de los pasajes en donde se utiliza la palabra *tohu* sin *bohu*. Deuteronomio 32:10 dice que el Señor encontró a Jacob «en tierra de desierto, y en yermo de horrible soledad». La frase «horrible soledad» traduce la palabra *tohu*. Toda la escena es de desolación.

En Job 6:18 leemos acerca de manantiales en el desierto que se escurren en la arena y se secan sin ofrecer nada a nadie:

«Se apartan de la senda de su rumbo, van menguando y se pierden». El verbo perderse (o perecer en algunas otras versiones) es traducción de la palabra *tohu*. Todo lo que quedó fue arena.

Y en Job 12:24 y Salmo 107:4 la palabra *tohu* es traducida como «desierto»: «Él quita el entendimiento a los jefes del pueblo de la tierra, y los hace vagar como por un yermo [*tohu*] sin camino» (Job 12:24 *é.a*); «Anduvieron perdidos por el desierto [*tohu*], por la soledad sin camino» (Salmo 107:4 *é.a*)

---

*Nunca debemos permitir jamás que
las cosas que no comprendemos arrojen
sombras sobre las verdades que Dios ha hecho
suficientemente claras.*

En cada uno de estos casos el juicio de Dios produce una condición descrita como desierto *(tohu)*.

Si combinamos todos estos pasajes, llegamos a una conclusión que se aplica a todos ellos: describen el resultado de un juicio de Dios. Y de igual manera se puede aplicar a Génesis 1:2, como a los otros pasajes.

También podemos mirar en Isaías otros cuantos casos que muestran el juicio de Dios sobre toda la tierra: «He aquí que el Señor vacía la tierra y la desnuda, y trastorna su faz, y hace esparcir a sus moradores» (Isaías 24:1).

Y, como parte de este juicio, sigue diciendo Isaías: «Quebrantada está la ciudad por la vanidad [o confusión] *tohu*» (v. 10 *é.a*). Este versículo describe a una ciudad en estado de desolación como resultado del juicio de Dios.

Otra vez Isaías 40:23, anuncia el juicio de Dios sobre los gobernantes de la tierra: «Él convierte en nada a los poderosos, y a los que gobiernan la tierra hace como cosa vana [*tohu*]» (*é.a*).

En Isaías 41:29, Dios describe a los adoradores de ídolos: «He aquí, todos son vanidad, y las obras de ellos nada; viento y vanidad [*tohu*] son sus imágenes fundidas» (*é.a*).

En cada caso la confusión es el final de la ira y el juicio de Dios.

La declaración más categórica de todas se encuentra en Isaías 45:18:

> «Porque así dijo el Señor que creó los cielos; él es Dios, el que formó la tierra, el que la hizo y la compuso; no la creó en vano [*tohu*], para que fuese habitada la creó: Yo soy el Señor y no hay otro» (*é.a*).

El producto de la creación de Dios no fue [*tohu*], es decir, desorden y confusión.

Ahora, comparemos este pasaje de la Escritura con el que describe la creación de Dios.

Génesis 1:2 dice que la tierra estaba *tohu*. Isaías 45:18 dice que Dios no la creó *tohu*. Entonces, la implicación es bien clara: el estado de la tierra, tal como la describe Génesis 1:2, no es el estado en que fue creada originalmente. Dios no creó una tierra que estuviera *tohu* y *bohu* sino que la creó para que fuera habitada. Su objetivo fue hacer un lugar bendecido, agradable y maravilloso para que sus criaturas habitaran en él.

El hecho de que la tierra se convirtiera en *tohu* y *bohu* indica que ocurrió un juicio de Dios sobre ella en el período comprendido entre su creación registrada en Génesis 1:1 y la escena descrita en Génesis 1:2. En nuestro siguiente capítulo analizaremos el relato bíblico de la rebelión de los ángeles que provocó el juicio de Dios. Esto bien pudo haber ocurrido en el período entre los versículos 1 y 2 de Génesis.

Ante esta escena de *tohu* y *bohu*, debemos preguntarnos: ¿podría esta situación tener alguna relación con lo que los científicos han llegado a interpretar como el «Big Bang»? La visión aquí no sería entonces de un acto de creación sino más bien de juicio.

En realidad yo no pretendo haber respondido todos los interrogantes que surgen respecto a la creación. De hecho, no hay un límite para ellos. Pero nunca debemos permitir que las cosas que no comprendemos arrojen sombras sobre las verdades que Dios ha hecho suficientemente claras.

Al finalizar este capítulo, permítame compartir con usted algo que he comprobado a través de los años. Dios necesariamente no se compromete a satisfacer todas las inquietudes de una mente intelectual, pero siempre responde a un corazón sincero y hambriento de la verdad.

Vamos ahora a examinar la confrontación entre Dios y Satanás que provocó el juicio de Dios sobre su creación original.

4

SATANÁS RETA A DIOS

«Yo veía a Satanás caer del cielo como un rayo»
(Lucas 10:18).

Jesús describe aquí a sus discípulos una escena de la cual él fue testigo en los cielos muchos siglos antes de su encarnación como el Hijo de María. Estaba advirtiéndoles sobre el peligro del orgullo y la escena que describe fue el juicio de Dios sobre un arcángel creado, Satanás.

Satanás ocupaba un puesto de honor único en los cielos. Dios le había dicho:

«Tú eras el sello de la perfección, lleno de sabiduría, y acabado de hermosura. En Edén, en el huerto de Dios estuviste; de toda piedra preciosa era tu vestidura; de cornerina, topacio, jaspe, crisólito, berilo y ónice; de zafiro, carbunclo, esmeralda y oro; los primores de tus tamboriles y flautas estuvieron preparados para ti en el día de tu creación. Tú, querubín grande, protector, yo te puse en el santo monte de Dios, allí estuviste; en medio de las piedras de fuego te paseabas. Perfecto eras en todos tus caminos desde el día que fuiste creado, hasta que se halló en ti maldad» (Ezequiel 28:12-15).

Este relato provoca dos posibles preguntas. Primera, ¿de cuál área de los cielos fue arrojado Satanás? Segunda, ¿a cuál área fue arrojado?

Personalmente no creo que Satanás tuviera acceso al tercer cielo o hubiese podido concebir allí su rebelión. Mi impresión del tercer cielo es que es un lugar de tan absoluta santidad que ningún tipo de pecado podría nunca empezar a existir allí. ¡Pero esta es tan sólo una opinión personal!

No he encontrado ningún versículo en las Escrituras que describa el lugar específico al cual fueron arrojados Satanás y sus ángeles, pero al parecer ellos establecieron su reino rival en alguna otra área de los cielos, probablemente en algún lugar del cielo intermedio.

Tal como ya lo señalé en el capítulo 1, en las Escrituras encontramos por lo menos tres áreas diferentes llamadas «cielo». Primero, el cielo visible sobre nosotros; después, el cielo intermedio descrito en Apocalipsis 8:13; 14:6 y 19:17; finalmente, el tercer cielo, es el más alto de todos y es el lugar sagrado de habitación de Dios, el lugar al cual se refiere Salomón en 2 Crónicas 2:6 como «los cielos de los cielos»: «¿Quién será capaz de edificarle casa, siendo que los cielos y los cielos de los cielos no pueden contenerlo?».

En Ezequiel 28:14, a Satanás se le describe como el «querubín grande, protector». Parece que cubría con sus alas el lugar de la manifestación de la gloria de Dios en su templo celestial, tal como cubrían los querubines el trono de misericordia o propiciatorio en el tabernáculo de Moisés, en el cual aparecía la gloria visible de Dios. Esta descripción la encontramos en Éxodo 37:9: «Y los querubines extendían sus alas por encima, cubriendo con sus alas el propiciatorio; y sus rostros el uno enfrente del otro miraban hacia el propiciatorio».

Perfecto era Satanás en cuanto a su belleza, pero era un ser creado. El orgullo lo impulsó a desafiar y reclamar un puesto de igualdad con Dios. Al parecer tenía autoridad sobre una legión de ángeles y tuvo éxito al seducir a algunos de ellos y lograr que rompieran su lealtad hacia Dios y se la ofrecieran a él. Ellos lo acompañaron en su rebelión contra Dios. El Señor, en respuesta, los arrojó de su presencia.

Al describir la acción de Satanás para lograr que algunos ángeles se volvieran contra Dios, la Escritura utiliza la palabra *contrataciones*, que también se puede entender como *persistente maquinación o conspiración*:

> «A causa de la multitud de tus contrataciones fuiste lleno de iniquidad, y pecaste... Con la multitud de tus maldades y con la iniquidad de tus contrataciones profanaste tu santuario».
> (Ezequiel 28:16, 18 *é.a*)

Esta palabra *contrataciones* también se podría aplicar a alguien que se comporta como *chismoso* o *calumniador*. En otras palabras, puede describir la acción de alguien que mezcla lo bueno con el chisme. En muchos otros libros de la Biblia (Levítico, Proverbios y Jeremías) a esta palabra se le traduce también como «chisme» y «calumnia». Por ejemplo, en Levítico 19:16, dice: «No andarás chismeando entre tu pueblo».

En Proverbios 20:19, esta práctica del chismorreo está estrechamente relacionada con la adulación y la lisonja. Se nos advierte contra los dos tipos de personas:

«El que anda en chismes descubre el secreto; no te entremetas, pues, con el suelto de lengua».

Al parecer esto describe exactamente lo que hizo Satanás. Él se movió entre los seres angélicos creados en promoción y organización de la rebelión contra Dios. Lo visualizo diciéndole a los ángeles cosas más o menos como estas: «Dios en realidad no te valora. Tú tienes una posición que está muy por debajo de la que debes tener de acuerdo a tu potencial. Si yo estuviera a cargo, tendría en cuenta tus méritos y tu valor, y te ascendería. Te daría una posición de mucha mayor responsabilidad en el gobierno del universo».

Obviamente todo esto no ocurrió repentinamente, ni siquiera en unos pocos días. No tenemos manera de medir el tiempo que le tomó a Satanás promover su rebelión, pero fue suficientemente largo como para organizar una revuelta con cuidado planeada contra Dios, y persuadir, según estimativos, a una tercera parte de los ángeles para que se unieran a él.

Este estimativo se basa en una declaración que, refiriéndose a Satanás, se encuentra en Apocalipsis 12:4: «Y su cola arrastraba *la tercera parte* de las estrellas del cielo, y las arrojó sobre la tierra» (*é.a*). Esta hipótesis supone que la frase *las estrellas del cielo* se refiere a toda la compañía de ángeles. Pero esta interpretación puede ser cuestionada.

Tal vez usted nunca ha imaginado este comportamiento en los ángeles del cielo. Sin embargo, tal como lo mencioné anteriormente, los actos de rebelión que este comportamiento produjo se originaron en el cielo, no en la tierra. Más aún, el diablo nunca ha cambiado sus tácticas ni en el cielo ni en la tierra, por una sencilla razón: *¡porque todavía le dan resultado!* Como maestro del chisme y la calumnia, continúa procurando socavar varias formas de autoridad que Dios ha establecido tanto en la Iglesia como en el mundo.

Cuando Satanás fue arrojado del cielo, no terminó ahí su rebelión sino que continuó estableciendo un reino propio en oposición al reino de Dios. En Lucas 11:17–18, Jesús revela que Satanás tiene un reino propio: «Todo reino dividido contra sí mismo, es asolado; y una casa dividida contra sí misma, cae. Y si también Satanás está dividido contra sí mismo, ¿cómo permanecerá su reino?».

Reinos en los cielos

En Colosenses 1:16, el apóstol Pablo describe la estructura gubernamental del reino de Dios en los cielos tal como fue establecida originalmente a través de Jesús en su eterna naturaleza: «Porque en él fueron creadas todas las cosas, las que hay en los cielos y las que hay en la tierra, visibles e invisibles; sean tronos, sean dominios, sean principados, sean potestades».

Note estos cuatro niveles descendientes de autoridad. En cada caso, cuando resulta apropiado, se agrega en paréntesis una traducción alternativa:

* Tronos
* Dominios (o señoríos)
* Principados (o gobernadores)
* Potestades (o autoridades)

Un rasgo importante de la rebelión de Satanás fue retomar la estructura original del gobierno de Dios con la cual estaba familiarizado y utilizarla contra Dios. En Efesios 6:12, Pablo hace una descripción de la estructura principal de gobierno del reino rebelde de Satanás:

> «Porque no tenemos lucha contra sangre y carne, sino contra principados, contra potestades, contra los gobernadores de las tinieblas de este siglo, contra huestes espirituales de maldad en las regiones celestes».

En esta descripción el apóstol no hace mención de los «tronos» ni los «dominios». La implicación es que estos dos elevados rangos no se asociaron con Satanás en su rebelión. La descripción de la rebelión ubica su principio en el nivel de los «principados» (o gobernadores), y potestades (o autoridades).

Orgullo: el pecado original

Regresemos a nuestro pasaje de Ezequiel 28, el cual registra la rebelión de Satanás: «Se enalteció tu corazón a causa de tu hermosura, corrompiste tu sabiduría a causa de tu esplendor» (v. 17).

*Creo que es de vital importancia
para todos nosotros que nos demos cuenta
que el primer pecado en el universo no
fue el homicidio, ni el adulterio, sino el orgullo.*

El corazón de Satanás se enalteció lleno de orgullo por causa de su belleza, y esa fue la razón por la que fue arrojado del monte de Dios. Creo que es de vital importancia para todos nosotros que nos demos cuenta que el primer pecado en el universo no fue el homicidio, ni el adulterio, sino el *orgullo*. Fue éste el que produjo la rebelión. Más aún, fue el orgullo surgido de las bendiciones de las cuales Dios mismo era el Autor. Fue Dios quien le dio a Satanás su poder, autoridad, belleza y sabiduría. Todos estos dones provenían de Dios. No obstante su equivocada actitud los convirtió en instrumentos de propia destrucción.

Mirando en retrospectiva a mis más de sesenta años de servicio cristiano, me impacta el hecho de que hombres y mujeres llamados y equipados por Dios siguen cometiendo hoy el mismo trágico error que Satanás cometió. Recuerdo continuamente a un pastor chino que pasó más de veinte años en prisión por causa de su fe. Él dice: «He visto a muchos cristianos que han tenido un buen comienzo, pero pocos tienen un buen final». Con cuánta facilidad olvidamos, como siervos de Dios, que cada éxito en nuestro ministerio debe inducirnos a la humildad personal en respuesta al inmerecido favor de Dios.

En Isaías 14:12–15, el profeta analiza el motivo existente tras la rebelión de Satanás. Fue su ambición de ser igual a Dios.

«¡Cómo caíste del cielo, oh Lucero, hijo de la mañana! Cortado fuiste por tierra, tú que debilitabas a las naciones. Tú que decías en tu corazón: Subiré al cielo; en lo alto, junto a las estrellas de Dios, levantaré mi trono, y en el monte del testimonio me sentaré, a los lados del norte; sobre las alturas de las nubes subiré, y seré semejante al Altísimo. Mas tu derribado eres hasta el Seol, a los lados del abismo».

Como se puede ver en el pasaje anterior, Satanás hizo cinco declaraciones sucesivas como expresión de su determinación: *Subiré* al cielo... *Levantaré* mi trono... *Me sentaré* a los lados del norte... En el monte del testimonio *me sentaré*... *Subiré* sobre las alturas de las nubes. Y finalmente llega el clímax, el punto culminante: «*Seré* semejante al Altísimo». La ambición de exaltarse a sí mismo fue la causa de su caída.

La Escritura nos muestra un contraste entre Satanás y Jesús. El primero no era Dios; era sólo un ser creado. No tenía derecho a igualarse a Dios; cuando intentó hacerlo, cayó. De otro lado, Jesús era divino en su naturaleza eterna y disfrutaba una posición de igualdad con Dios. Él no necesitaba usurparla, más bien se humilló a sí mismo.

Jesús: el modelo de humildad

En Filipenses 2, Pablo pinta un cuadro vívido de la autohumillación de Jesús:

«El cual, siendo en forma de Dios, no estimó el ser igual a Dios como cosa a que aferrarse, sino que se despojó a sí mismo, tomando forma de siervo, hecho semejante a los hombres; y estando en la condición de hombre, se humilló a sí mismo, haciéndose obediente hasta la muerte, y muerte de cruz» (vv.6–8) .

Estos versículos enumeran siete grandes pasos descendentes que explican que Jesús anduvo desde la gloria del cielo hasta su muerte en la cruz:

- *Renuncio a su reputación.* Literalmente se *vació* de sí mismo. Como lo dice Charles Wesley en uno de los cantos que compuso: «Cristo se vació de todo, me nos de su amor».

- *Tomo en Sí mismo la forma de siervo.* Él era el «Señor de la gloria», pero descendió hasta convertirse en un siervo.

- *Se hizo semejante a los hombres.* Se convirtió en un miembro de la raza Adánica, hecha un poco menor que los ángeles.

- *Tuvo la condición (o apariencia) de un hombre.* Lucia como un hombre normal de su tiempo. No había en Él nada externo que lo distinguiera de la gente entre la cual vivía.

- *Se humillo a Sí mismo.* Él fue un hombre humilde. No fue un sacerdote o un gobernante sino el hijo de un carpintero.

- *Fue obediente hasta la muerte.* Su perfecta obediencia lo llevó finalmente a la muerte vicaria por el pecado de la humanidad.

- *Por obediencia sufrió en la cruz la muerte de un criminal.* La crucifixión era la agónica pena para la peor persona que había cometido el crimen más horrendo.

Esos son los siete grandes pasos descendentes que el Señor Jesús anduvo. Pero éstos lo llevaron a dar siete grandes pasos ascendentes que se describen en los versículos 9 al 11:

«Por lo cual Dios también le exaltó hasta lo sumo, y le dio un nombre que es sobre todo nombre, para que en el nombre de Jesús se doble toda rodilla de los que están en los cielos, y en la tierra, y debajo de la tierra; y toda lengua confiese que Jesucristo es el Señor, para gloria de Dios Padre».

Aquí están los siete pasos ascendentes hacia la exaltación de Jesús:

- *Dios lo exaltó hasta lo sumo.*
- *Dios le dio un nombre que es sobre todo nombre.*
- *Ante el nombre de Jesús se debe doblar toda rodilla.*
- *De los que están en el cielo,* esto es las huestes creadas que sirven a Dios en los cielos.
- *De los que están en la tierra,* esto significa que final mente toda criatura sobre la tierra tendrá que some terse a la autoridad de Cristo.
- *De los que están debajo de la tierra,* se refiere al reino de Satanás en el Hades. Incluye la muerte, el infierno, la tumba y también los impíos muertos que previa mente han rechazado la misericordia de Dios.
- *Toda lengua confesará que Jesucristo es el Señor.* El Seño río de Jesús será proclamado en todas las áreas del universo.

En todo esto, el modelo perfecto que se erige frente a nuestros ojos es Jesús. Pablo nos anima, como seguidores de Jesús, a humillarnos a nosotros mismos:

«Nada hagáis por contienda o por vanagloria; antes bien con humildad, estimando cada uno a los demás como superiores a él mismo; no mirando cada uno por lo suyo propio, sino cada cual también por lo de los otros. Haya, pues, en vosotros este sentir que hubo también en Cristo Jesús» (Filipenses 2:3-5).

Las dos motivaciones que Pablo excluye son la ambición egoísta y la vanagloria. Sólo hay un camino para la promoción: autohumillación. En Lucas 14:11, Jesús enuncia con bastante claridad este principio: «Porque cualquiera que se enaltece, será humillado; y el que se humilla, será enaltecido».

Sólo hay un camino para la promoción: auto humillación.

Este es un principio invariable y absoluto. ¡No hay excepciones! *El camino hacia arriba es descendente.* ¡Ese es el gran secreto! Como lo declara Proverbios 18:12: «Antes de la honra es el abatimiento».

«*Por lo cual* Dios también le exaltó hasta lo sumo» (Filipenses 2:9 *é.a*).

La frase, «por lo cual», me lleva a creer que Jesús no fue exaltado porque era el Hijo favorito sino porque cumplió con las condiciones. Él tuvo que ganarse su exaltación. Podríamos suponer que, automáticamente, al final de su sufrimiento en la cruz, regresaría a su posición de igualdad con Dios. Pero tal como yo lo entiendo, Él tuvo que ganarse ese derecho humillándose a Sí mismo. Y lo ganó no sólo para sí mismo sino también para todos los que lo siguieran.

---

*La auto-humillación es un asunto
de la voluntad, no de las emociones.*

En consecuencia, quizá usted se sienta impulsado a
orar: «Señor, necesito humildad. Por favor, hazme humilde». Y la respuesta sorprendente será: «No puedo hacerlo. Sólo tú te puedes humillar a ti mismo».

La autohumillación es un asunto de la voluntad, no de
las emociones. Es una decisión que cada uno de nosotros
tiene que hacer por sí mismo: «Señor, elijo humillarme
delante de Ti. Renuncio al orgullo, la arrogancia y la ambición personal ante Ti y ante mis hermanos creyentes».
Para dar un ejemplo práctico de autohumillación, Jesús habló
acerca de invitados a una fiesta de bodas:

> «Cuando fueres convidado por alguno a bo-
> das, no te sientes en el primer lugar, no sea que
> otro más distinguido que tú este convidado por
> él, y viniendo el que te convidó a ti y a él, te
> diga: Da lugar a este; y entonces comiences con
> vergüenza a ocupar el último lugar. Mas cuan-
> do fueres convidado, ve y siéntate en el último
> lugar, para que cuando venga el que te convi-
> dó, te diga: Amigo, sube más arriba; entonces
> tendrás gloria delante de los que se sientan
> contigo a la mesa. *Porque cualquiera que se
> enaltece, será humillado; y el que se humilla, será
> enaltecido*» (Lucas 14:8-11 *é.a*).

En este punto, cada uno de nosotros enfrenta la necesidad de tomar una decisión personal. No puedo hacerlo por usted, ni usted por mí. Pero permítame decirle que ya hice la mía. ¿Hizo ya la suya?

5

La Raza Adánica:
Nuestros Orígenes

Dios tuvo que enfrentar la rebelión entre sus seres angélicos, seres de asombrosa belleza, fortaleza e inteligencia.

¿Cómo respondió Dios a esta insurrección? ¿Creó legiones celestes aún más majestuosas, criaturas de belleza, fortaleza e inteligencia aún superiores? Ciertamente Él pudo haberlo hecho si lo hubiese deseado. Pero ciertamente hizo lo contrario. No subió sino que bajó de nivel.

Creó una nueva raza de la materia más baja disponible: la tierra. El nombre del ser que creó fue «Adán». Este nombre se deriva directamente de la palabra hebrea *adamah,* que significa «tierra». La raza Adánica es la raza *terrenal.* Y, a través de la progresiva revelación, la Escritura deja en claro que Dios tenía en mente, para la raza adánica, un destino más alto que el de los ángeles.

Es importante darnos cuenta que la creación de Adán y la raza adánica fue parte de la respuesta de Dios a la rebelión de Satanás. En cierto sentido, esta nueva raza fue diseñada para cumplir el destino del cual Satanás había caído, y aún un destino superior. Esta es la principal de las razones por las cuales él se opone a nuestra raza con un odio tan intenso. Él nos ve como suplantadores suyos, que entramos a un destino que él fracasó en cumplir. ¿Y cuál es ese destino?

Para comprender nuestro *destino,* el cual estaremos explorando en el siguiente capítulo, tenemos que entender primero nuestro *origen: el cómo y por qué fue creada la familia humana.* Tanto nuestro origen como nuestro destino son revelados en los primeros capítulos del libro de Génesis.

El primer capítulo de este libro declara que: «En el principio creó Dios los cielos y la tierra» (v. 1). Más adelante, Génesis 1:26-27, describe la creación del hombre: «Entonces dijo Dios: Hagamos al hombre a nuestra imagen, conforme a nuestra semejanza ... Y creó Dios al hombre a su imagen, a imagen de Dios lo creó; varón y hembra los creó» (vv. 26-27). Necesitamos ubicar la creación del ser humano en un trasfondo histórico que se extiende en vastos períodos de tiempo.

Al final de los tiempos

Dios obra de acuerdo con un sistema cronológico que Él mismo ideó. Y es importante descubrir en dónde estamos en este preciso momento según su cronograma. En relación con la venida de Jesús a la tierra, se nos dice en Hebreos 9:26: «Pero ahora *en la consumación de los siglos,* se presentó una vez para siempre por el sacrificio de sí mismo» (*é.a*). Lo anterior indica que la venida de Jesús a la tierra es la culminación de un programa que Dios ha estado siguiendo a través de un *período* descrito como «los siglos». En 1 Corintios 10:11, Pablo dice que todas estas cosas «están escritas para amonestarnos a nosotros, a quienes han alcanzado *los fines de los siglos*» (*é.a*). La Iglesia del Nuevo Testamento obviamente comprendió que estaba destinada a ser el clímax o culminación de los propósitos divinos que habían tenido su comienzo en siglos anteriores.

Estos pasajes indican que la venida de Jesús y el establecimiento de la Iglesia son algunos de los acontecimientos finales que cierran un período llamado «los siglos». ¿Cómo debemos interpretar esta frase, *los siglos*? En el Salmo 90:4, el salmista, hablando con Dios, dice: «Porque mil años delante de tus ojos son como el día de ayer, que pasó, y *como* una de las vigilias de la noche» (*é.a*). En la cultura de la Biblia, un período de doce horas se dividía en tres «vigilias» de cuatro horas cada una. En otras palabras, mil años equivalen a cuatro horas. Un día de veinticuatro horas equivaldría a seis mil años.

Vemos entonces que los eventos descritos en Génesis 1:2, y versículos posteriores, son la culminación de una actividad divina proyectada en un período de tiempo mucho más extenso de lo que la capacidad de nuestras mentes limitadas puede comprender.

Teniendo esto claro, volvamos ahora a los primeros versículos del libro de Génesis. Como ya lo hemos visto, los primeros versículos describen el acto original de la creación, y la primera parte del segundo versículo describe una situación posterior de la tierra: «La tierra estaba desordenada y vacía, y las tinieblas estaban sobre la faz del abismo».

En el capítulo 3 de este libro ya expliqué por qué creo que este «vacío» no era la condición de la tierra cuando fue creada originalmente sino el resultado de un tremendo juicio de Dios antes de la creación de Adán,

probablemente por causa de la rebelión de Satanás. Quizá un juicio por la maldad de la raza (o razas) preadánica sobre la tierra, que había sido arrastrada por Satanás a varias formas de maldad.

«De modo que si alguno está en Cristo, nueva criatura es; las cosas viejas pasaron; he aquí todas son hechas nuevas» (é.a).

Parece ser que el elemento principal de juicio en este caso fue el agua. La tierra llegó a estar desolada, sin forma, convertida en un caos acuoso, y las tinieblas cubrían la faz de las aguas. Luego la segunda parte del versículo 2, dice: «Y el Espíritu de Dios se movía [revoloteaba, casi como el ave lo hace sobre su nidada] sobre la faz de las aguas» *(é.a)*. Se hace énfasis en las tinieblas y el agua. Desde Génesis 1:3 («Sea la luz») en adelante, hasta Génesis 2:7 («Formó Dios al hombre»), el tema no es básicamente creación original sino esencialmente restauración. En la mayoría de los casos, el material ya estaba ahí. Sencillamente se debía reformar y remodelar. No estoy sugiriendo con esto que no hayan ocurrido actos creativos, pero el asunto principal no fue creación original.

Aparte del proceso de reconstrucción que llenó la tierra con criaturas marinas y otros seres vivientes, no debemos pasar por alto la aplicación que para nosotros como cristianos tiene este proceso creativo. En 2 Corintios 5:17, el apóstol Pablo dice: «De modo que si alguno está en Cristo, *nueva criatura* es; las cosas viejas pasaron; he aquí todas son hechas nuevas» (*é.a*).

En cierto sentido, esta nueva criatura en Cristo es una obra de *restauración*. Cuando yo acudo a Cristo como pecador, mi personalidad no es destruida o anulada. Dios no da vida a una criatura totalmente nueva sino que pone en acción fuerzas que me restauran, me renuevan y hacen finalmente de mí algo completamente nuevo. De ahí que la obra de restauración que Génesis 1 y 2 describen es supremamente pertinente y aplicable a la nueva criatura en Cristo. Esa es una de las razones por la que la Escritura registra algunos de sus detalles.

Otros aspectos de la creación que nos narra Génesis 1:2 se reproducen en la restauración de un pecador cuando llega a Cristo. El «mundo» (o la «tierra» tal como está descrita en el mismo versículo) estaba en desorden. De igual manera cuando usted y yo como pecadores venimos a Jesucristo, lo sepamos o no, también estamos en completo desorden. Y no solo en desorden sino en tinieblas, como estaba la tierra en Génesis 1:2. Y es un hecho que, mientras estamos en tinieblas, no podemos ver las cosas como ellas son realmente. Este era el estado de la tierra y es también el del individuo pecador.

Existen dos grandes agentes restauradores en la nueva creación. En Génesis 1:2, el *Espíritu* de Dios «se movía» (o revoloteaba). En Génesis 1:3, Dios habló y su Palabra entró en acción. Fue mediante la unión de la Palabra y el Espíritu de Dios que la creación y la reconstrucción tuvieron lugar. ¿Qué ocurre cuando un pecador se arrepiente? El Espíritu de Dios comienza a moverse en el corazón de esa persona y ésta recibe la Palabra de Dios proclamada. El proceso de reconstrucción (o restauración) en Cristo se pone en marcha por el Espíritu y la Palabra.

> *Mientras estamos en tinieblas,*
> *no podemos ver las cosas como ellas son*
> *realmente. Este era el estado de la tierra*
> *y es también el del individuo pecador.*

El primer producto de la unión del Espíritu y la Palabra al obrar juntas fue la *luz*. Después, Dios siguió trabajando en la luz. Lo primero que ocurre cuando un pecador se acerca a Cristo es que comienza a ver las cosas (y a sí mismo) tal como son. De ahí en adelante, Dios continúa obrando en su vida a la luz.

Después sigue un proceso de separación y refinamiento, de distinción y multiplicación. Muchas diferentes áreas son tratadas en un orden sucesivo. A veces alcanzamos un estado en el cual pensamos: *ahora estoy realmente terminado. Dios ha tratado con todas las cosas en mi vida.* Y es precisamente en este punto en que Dios, mediante su Espíritu, expone a la luz una nueva área, y procede con misericordia a tratar con ella.

Así es como Dios obró en la restauración descrita en Génesis 1. Él trabajó por etapas: primero el agua, después la tierra, luego la vegetación, los peces, las aves, luego las bestias y así sucesivamente. Finalmente, llegamos al clímax o punto máximo del proceso creativo: la creación del ser humano.

En primer lugar permítame decirle que la creación del hombre nos suministra esta asombrosa revelación acerca de Dios: Hay *pluralidad* en Dios: «Entonces dijo Dios: *Hagamos* al hombre a nuestra imagen, conforme a *nuestra* semejanza» (Génesis 1:26 *é.a*).

Ya he indicado antes que la palabra *Elohim*, que significa *Dios*, tiene forma plural. Y esto concuerda con el lenguaje que Dios utiliza aquí refiriéndose a Sí mismo: «*Hagamos* al hombre a nuestra imagen». Algunas personas aducen que esta es una forma de hablar de la realeza cuando se refiere a sí misma, pero se descarta este argumento por el hecho de que, posteriormente, al hablar de la caída del hombre, Dios dice: «He aquí el hombre es como *uno de nosotros*, sabiendo el bien y el mal» (Génesis 3:22 *é.a*).

Dios es plural pero también es *uno*. La palabra hebrea *uno* utilizada aquí es *echad*. Ella denota unidad de los elementos componentes. En Génesis 2:24 se utiliza otra vez esta misma palabra: «Por tanto, dejará el hombre a su padre y a su madre, y se unirá a su mujer, y serán una sola [*echad*] carne» *(é.a)*.

Esta palabra, *echad*, no es la que se utiliza para expresar unidad indivisible y absoluta, esa es *yachid*. *Echad*, la palabra utilizada en este versículo, se aplica al matrimonio y describe una unidad compuesta por dos personas distintas que se unen. Sin embargo, en la revelación que la Biblia hace de Dios hay una unión no de dos sino de tres personas para producir una sola unidad. No una unidad absoluta sino unidad en la cual hay también pluralidad. Algunas personas objetan el concepto del Dios Trino o Triuno, pero yo lo veo revelado con claridad en las Escrituras. Creo en Dios Padre, Dios Hijo y Dios Espíritu Santo. Y lo que es más importante, no solamente creo en ellos sino que los conozco individualmente por experiencia directa y personal. Sé lo que es tener relación con el Padre, y tengo la experiencia de una comunión con el Hijo y con el Espíritu Santo.

El clímax: en su propia imagen

Génesis 1:27 describe el clímax del proceso mediante el cual Dios creó al hombre: «Creó Dios al hombre *a su imagen*» (*é.a*). Dios no descansó en este proceso de creación hasta que produjo su propia semejanza. De igual manera al tratar con la nueva criatura en Cristo, Dios no descansará hasta que haya producido en ella su propia imagen y semejanza. Esta es su meta y su objetivo final.

En Génesis 2:7, se le da un nuevo título a Dios: «Jehová Dios» o «Dios el Señor» (NVI). Como lo mencioné anteriormente, la mayoría de eruditos modernos prefieren usar el nombre de «Yahvé» en vez de «Jehová». Pero cualquiera que sea la forma que se utilice, el hecho más importante es que es un nombre propio (o personal).

En Génesis 1 tenemos sólo el nombre «Dios». Pero en Génesis 2 se agrega el nombre sagrado, «Yahvé». Esto es importante, porque el capítulo 1 describe la creación general, mientras que el 2, la creación de Adán como persona. La introducción del nombre personal de Dios, «Yahvé», enfatiza que Dios, como persona, creó a Adán también como persona. Este factor estableció una relación singular entre Dios, el Creador, y Adán, la criatura.

Hay otros rasgos singulares en Adán que al parecer lo distinguen de cualquiera otra criatura de Dios. El más importante es el método de su creación. «Jehová Dios [o Dios el Señor (NVI)], *formó* al hombre del polvo de la tierra» (Génesis 2:7 *é.a*).

La palabra formar generalmente se utiliza al hablar de un alfarero que forma una vasija de barro. El relato describe a una vasija de barro, que es hábilmente moldeada hasta ser convertida en la escultura más bella que se haya visto sobre la tierra. No obstante, ésta era solamente una pieza de barro sin vida, hasta que Dios le impartió su misma vida: «Y (Dios) *sopló* en su nariz aliento de vida, y fue el hombre un ser viviente» (v. 7 *é.a*).

En el original hebreo, el anterior versículo es tremendamente vívido y dramático. En la lengua hebrea es frecuente que el sonido de una palabra refuerce el significado de la misma. Por ejemplo, la palabra *botella* es *bak-buk*, la cual reproduce el gorgoteo o murmullo del agua que es vaciada de dicho recipiente.

De manera similar, donde la Escritura dice que «Dios sopló en su nariz», la palabra hebrea traducida como *soplar* es *yi-pach*. Fonéticamente el sonido de la *p* intermedia es un sonido «explosivo». En otras palabras es producido por una pequeña explosión, una expulsión aguda y prolongada de aire.

De otro lado, el sonido gutural hebreo *chet,* la *ch* al final de *yi-pach,* consiste en una pequeña expulsión desde la garganta. La frase total *yi-pach* indica que hubo un «soplo» agudo y prolongado. No fue un débil suspiro sino una expulsión fuerte y poderosa del aliento divino en la nariz y boca de esa figura de barro que produjo una persona viva (un ser humano), un alma viviente.

---

*Yo he descubierto por experiencia
personal que Dios continúa
en su actividad creadora.*

Piense en el milagro descrito, aun en el aspecto físico. Considere el hecho maravilloso de las pequeñas bolas de barro que se convierten en ojos, y todos los órganos interiores que cobran vida, el corazón empezando a latir y la sangre a circular. Permítame señalar que si existe alguna base lógica para buscar la sanidad de parte de Dios, tiene su origen en este hecho de la creación. Cuando sus zapatos necesitan reparación, no se los lleva al relojero sino al zapatero. Cuando su cuerpo necesita restauración, lo lógico es acudir a quien lo hizo: su Creador. Esa es una base bien sólida para el ministerio de sanidad mediante la oración.

Yo he descubierto por experiencia personal que Dios continúa en su actividad creadora. A menudo he visto a Dios hacer milagros creativos visibles. Un milagro poco común que observé una vez fue la creación de una uña en el dedo índice de un hombre que nunca la había tenido. Ocurrió en menos de un segundo, en la persona de un sacerdote católico. He visto también cantidades de piernas cortas que se han alargado frente a mis ojos. Estos fueron ejemplos del poder creativo de Dios en acción. Y Él nunca se ha retirado de la actividad creadora.

En Juan 9:1-7, cuando Jesús encontró a un hombre ciego, lo sanó de una manera maravillosa. Escupió en el suelo, hizo lodo y ungió con él los ojos del ciego. Luego lo despidió, diciéndole: «Ve a lavarte en el estanque de Siloé». Jesús pudo haber sanado a este hombre de muchas maneras, pero escogió hacerlo de ese modo. ¿Por qué? Bueno, el hombre había nacido ciego; sus ojos jamás habían tenido visión. Me imagino que estaban enjutos y demacrados. Esto no fue precisamente un acto de sanar una enfermedad; fue en realidad un acto creativo. Jesús estaba advirtiendo a su generación: «Yo soy el mismo que, en el huerto de edén, soplo el barro y le dio vida. Cuando moldeo el barro y soplo mi aliento en él, hay creación».

Cuando Dios descendió al Edén y puso su nariz y su boca sobre la nariz y la boca de la figura de barro, y sopló su aliento, el hombre llegó a ser un alma viviente.

El aliento de las vidas

Los primeros capítulos del Génesis revelan «vida» en dos niveles diferentes: en el espíritu y en el alma. Cada una de ellas es ilustrada vívidamente por la palabra hebrea utilizada. La palabra hebrea traducida como *espíritu* es *ruach,* en la cual la letra terminal *chet* describe un flujo continuo que no depende de una fuente externa. De otro lado la palabra hebrea para designar el *alma* es *nefesh.* Esta última describe la vida que debe recibir antes de poder dar. *Nefesh* comienza con una aspiración seguida por expiración del aliento que debe ser recibido.

---

*Una de las cosas más maravillosas
que encuentro en las Escrituras es lo mucho
que Dios se interesa por el hombre.*

En el capítulo 3 ya señalé que los primeros capítulos del Génesis contienen ciertas palabras que son plurales en su forma. Esto es aplicable a la palabra *vida (chaim).* Hay dos formas de vida, tal como la conocemos: la vida del espíritu y la vida del alma. Dios sopló en la nariz de Adán el aliento de vidas *(chaim)* [en plural], en todas sus formas.

El método de la creación del hombre fue único y singular. Y no me refiero ahora a la creación de su cuerpo partiendo del barro sino al hecho de que Dios sopló vida en él en forma directa. De esta manera, Dios y el hombre, tuvieron una confrontación directa, cara a cara.

Yo creo que este hecho demuestra que el hombre, entre todas las criaturas del universo, tiene una capacidad única para tener acceso a la presencia de Dios. También significa que hay algo en el ser humano que tiene correspondencia con algo de Dios, y que encuentra expresión en una sola palabra: *comunión*. El propósito supremo del Evangelio es llevar al hombre de regreso a la comunión con Dios.

Lo anterior señala una correspondencia singular entre los capítulos iniciales y finales de la Biblia. El clímax de la relación que comenzó en Génesis, capítulos 1 y 2, se muestra en Apocalipsis 22:3-4, que es la ultima descripción que hace la Escritura del pueblo redimido de Dios: «Y no habrá mas maldición; y el trono de Dios y del cordero estará en ella, y sus siervos le servirán, y verán su rostro, y su nombre estará en sus frentes».

En este punto, el ser humano ha sido traído de vuelta a una comunión cara a cara con el Dios Todopoderoso que le creó. Los propósitos de Dios, que fueron de manera temporal frustrados por Satanás, se cumplen finalmente a través de Jesucristo y su obra redentora. Este hecho hace la relación del hombre con Dios única y decisiva. Tiene una capacidad para tener comunión con Dios que no la igualan los ángeles. En la eternidad, los redimidos por Cristo van a estar más cerca de Dios que los ángeles.

Una de las cosas más maravillosas que encuentro en las Escrituras es lo mucho que Dios se interesa por el hombre. No puedo menos que decir con el salmista: «¿Qué es el hombre, para que tengas de él memoria, y el hijo del hombre, para que lo visites?» (Salmo 8:4).

En otras palabras, «¿Por qué te tomas tanto trabajo con nosotros los seres humanos?». Tal como yo entiendo la Escritura con objetividad, somos el centro de la atención de Dios. Somos la «niña» de sus ojos. En 1 Corintios 3:21,

Pablo dice a los cristianos: «Todo es vuestro». Todo lo que está en los cielos y en la tierra nos pertenece. Todo está a nuestra disposición.

En mi caso personal, nada me aflige más que encontrar cristianos que hablan y actúan como si no fueran importantes. Tal forma de hablar y de actuar podrá parecer humildad, pero en realidad es incredulidad. *Somos* las personas más importantes del universo. No por lo que somos en sí sino por la obra redentora de Cristo a nuestro favor. Fuimos creados en Él para tener una relación especial con Dios.

La imagen y la semejanza de Dios

Génesis 1:26 revela que hay dos diferentes aspectos de la similitud entre Dios y el hombre. En primer lugar fue hecho a *imagen (tselem)*, y segundo, a *semejanza (dmut)* de Dios.

La palabra *imagen (tselem)* describe la forma externa. Es la palabra hebrea normal para expresar la idea de *sombra*, y como tal es traducida muchas veces en el Antiguo Testamento. Es interesante que en una forma verbal se repita en el hebreo moderno como «hacerse tomar su fotografía». Durante más de tres mil quinientos años el idioma Hebreo ha utilizado siempre esta palabra para referirse a la forma externa visible.

El hombre representa a Dios tanto en su forma interior como exterior, su apariencia externa se asemeja a la de Dios. Algunas personas tienen una idea vaga de Él, indefinida y confusa. No pueden visualizarlo con alguna forma definida. Pero la Biblia revela que Dios tiene mano derecha e izquierda, ojos y oídos; que tiene pies, también se sienta, se pone de pie y camina; que tiene frente y espalda. En todos estos aspectos es como usted y yo. Aunque en realidad no es que Él sea como nosotros sino lo contrario: usted y yo somos como Él.

En la raza humana es el hombre y no la mujer el que refleja con mayor exactitud la apariencia externa de Dios. En 1 Corintios 11:7, el apóstol Pablo lo explica de esta manera: «Porque el varón no debe cubrirse la cabeza, *pues él es imagen y gloria de Dios*; pero la mujer es gloria del varón» (*é.a*). Es importante señalar que Pablo está hablando aquí de la apariencia física exterior, no de la naturaleza espiritual interior.

Todo esto llega a su máxima expresión en el hecho de la encarnación. Dios se encarnó en la persona de Jesucristo. Él hizo su habitación en el hombre y se manifestó en un cuerpo carnal. Era conveniente que el cuerpo fuera el de un ser humano varón.

En otras palabras, hay algo en el ser humano varón que fue específicamente diseñado para reflejar a Dios. Ni siquiera los ángeles tienen esta función singular de mostrar la apariencia visible de Dios, ese privilegio le fue reservado al hombre. Esa es otra razón por la cual el diablo odia a los hombres y hace todo lo que puede para manchar y corromper la imagen de Dios en ellos.

Una vez conocí a una jovencita que estaba comprometida con alguien cuya foto llevaba en la cartera. Un día recibió una carta de su prometido en la que le decía que había encontrado a otra persona con quien planeaba casarse. Cuando recibió la noticia, sacó la fotografía, la rompió en pedazos y la pisoteó. No podía tocar al hombre, pero pudo pisotear su imagen.

Esa es exactamente la reacción de Satanás. Normalmente no puede tocar a Dios, entonces, ¿qué hace? Toma la imagen de Dios (el hombre), la rompe y la pisotea. Cada vez que un borracho camina tambaleándose, dando tumbos y vomitando por la calle, se puede ver al diablo pisoteando la imagen de Dios. En cierto sentido, dice: «Mira, Dios. ¿Ves cómo luce ahora tu imagen? Eso es lo que yo siento respecto a Ti. No te puedo tocar, pero ciertamente puedo dañar tu imagen».

Hubo un breve período cuando Satanás pudo tocar a Dios. Fue cuando Jesús vino en forma humana y se sometió al juicio de Pilato. Entonces el diablo pudo hacer realmente lo que quiso con Dios, en la persona de Jesús. El resultado fue la crucifixión. Pero en todas las demás ocasiones Satanás tiene que limitarse a hacer lo peor que puede a los seres humanos, creados para reflejar la imagen de Dios.

Ahora, examinemos a *dmut,* la otra palabra hebrea usada en Génesis 1:26 para describir la semejanza del hombre con Dios. *Dmut* es un término más general que *tselem.* No se refiere básicamente a la apariencia exterior sino a toda la persona del hombre.

Ya he señalado que en Dios existe una tri-unidad. Y hay en el hombre una tri-unidad que es equivalente a la de Dios. Los tres elementos constitutivos de su ser son: espíritu, alma y cuerpo. En 1 Tesalonicenses 5:23, Pablo ora por los creyentes de esa iglesia para que «El Dios de paz los santifique por completo; y todo su ser, espíritu, alma y cuerpo, sea guardado irreprensible para la venida de nuestro Señor Jesucristo». La santificación total involucra los tres elementos: espíritu, alma y cuerpo.

---

*La salvación viene al alma que
toma la decisión correcta en respuesta al Evangelio,
y lo obedece viviendo un estilo de vida apropiado.*

El espíritu le fue soplado al hombre, en la creación, por el Creador. Su cuerpo fue formado del barro de la tierra. Y la unión del Espíritu de lo alto y el barro de la tierra produjo un *alma.*

El alma es el ego individual en cada uno de nosotros. El alma puede decir: «haré» o «no haré». Es el elemento que hace las decisiones en nuestra personalidad. El alma maneja el «timón» con el cual nos guiamos a través de la vida. En Santiago 3:1–5 se revela que el «timón» es la lengua.

La salvación viene al alma que toma la decisión correcta en respuesta al Evangelio, y lo obedece viviendo un estilo de vida apropiado.

La unión de Dios el Creador con un cuerpo carnal produce el «nuevo hombre». Este nuevo hombre es un ser moral. A diferencia de un animal, conoce el contraste entre el bien y el mal, entre lo bueno y lo malo. Usted puede entrenar a un perro para que haga ciertas cosas, y para que no haga otras. Si ocurre que el animal hace alguna de las cosas que usted le prohibió, y usted lo descubre, éste meterá su cola entre las piernas y se mostrará culpable. Pero eso no es prueba de que tenga una consciencia que pueda discernir entre lo correcto y lo incorrecto. Es solo un condicionamiento que determina el comportamiento en ciertas situaciones. Pero el ser humano fue creado con una consciencia que le dice que ciertas cosas son correctas y otras no.

El día de hoy algunas personas están adoptando una «nueva moralidad», que es tan antigua como el huerto del Edén. En cada generación, Satanás procura hacer borrosa la distinción entre lo recto y lo que no lo es, entre lo bueno y lo malo. Pero subsiste el hecho de que el hombre tiene un sentido moral que no puede evadir. Puede emborracharse y atiborrarse de drogas, pero no importa lo que haga, no puede escapar al hecho de que conoce lo que es correcto, y sabe bien lo que está mal.

Otro rasgo distintivo del hombre es que tiene una capacidad limitada para crear, la cual recibió de Dios. Esto se demuestra de varias maneras. El hombre puede planear, construir y ejecutar. Por ejemplo, si quiere cruzar el mar puede diseñar y construir un barco; puede saber los elementos que necesita y la manera de ensamblarlos. Puede concebir y lograr un propósito.

En otras palabras, el hombre tiene cierta capacidad creadora que los animales inferiores no tienen. Un conejo puede hacer una madriguera, un pájaro puede construir un nido, pero ellos nunca cambian. No desarrollan nada, no logran ningún progreso. La capacidad de cambiar y desarrollar el medio en que vive está limitada a los seres humanos.

En todas las tres áreas de la personalidad del hombre (espiritual, moral e intelectual), los elementos que encontramos son únicos y provienen de Dios.

6

La Raza Adánica:
Nuestro Destino

Mirando más allá de nuestro origen, ¿cuál es nuestro destino? Comencemos el *propósito* con el cual fue creado el ser humano.

Dicho de la manera más simple, el hombre fue creado para gobernar, para «tener dominio». La segunda parte de Génesis 1:26 dice: «Tenga dominio sobre los peces del mar, las aves de los cielos y sobre las bestias, en toda la tierra, y sobre todo animal que se arrastra sobre la tierra».

Note que estas palabras no fueron dichas a Adán como individuo sino a toda la raza descendiente de él.

La raza adánica fue creada para gobernar todo el globo, la tierra, el mar, el aire y todas las criaturas que lo habitan. Adán tenía la misión de ser el representante visible de Dios y ejercer sobre toda la tierra la autoridad que de Él había recibido. Cuando las demás criaturas de la tierra encontraran a Adán, reconocerían en él la semejanza con el Creador al ejercer sobre ellos el dominio que le había entregado.

El Salmo 8:4-8 lo dice con toda claridad: «¿Qué es el hombre, para que tengas de él memoria, y el hijo del hombre, para que lo visites? Le has hecho poco menor que los ángeles, y lo coronaste de gloria y de honra. Le hiciste *señorear* sobre las obras de tus manos; *todo lo pusiste debajo de sus pies*: Ovejas y bueyes, todo ello, y así mismo las bestias del campo, las aves de los cielos, y los peces del mar; todo cuanto pasa por los senderos del mar» (*é.a*).

Hebreos 2:6–8 cita estas palabras y las aplica a Jesús, pero también se refieren a Él como cabeza de la raza adánica. Todo ha sido puesto bajo el dominio de la raza de Adán. En Jesús, los descendientes de Adán encontraron el cumplimiento de su propósito, que ya había sido declarado aunque no cumplido. Hay aun en el hombre caído algo que le hace saber que fue creado para tener dominio. Pero su capacidad de hacerlo fue deteriorada por la obra del pecado.

No sorprende, pues, que el hombre haya explorado todo el globo e incluso haya ido a la luna. Esto es una demostración de la naturaleza divina que está en él. Fue hecho para explorar, para dominar y tener el control.

Pero carece de la autorización divina hasta que él se ponga bajo el control de Dios.

El siguiente rasgo singular de Adán es lo que yo llamo, *su asociación inteligente con Dios*. En esta función Adán recibió la responsabilidad de clasificar todo el reino animal. Génesis 2:19-20 lo registra así:

> «Jehová Dios formó, pues, de la tierra toda bestia del campo y toda ave de los cielos, y las trajo a Adán para que viese como las había de llamar; y todo lo que Adán llamó a los animales vivientes, ese es su nombre. Y puso Adán nombre a toda bestia y ave de los cielos y a todo ganado del campo».

En Jesús, los descendientes de Adán encontraron el cumplimiento de su propósito.

En el idioma hebreo, del cual recibimos la Biblia, el asignar nombres nunca es algo que se hace al azar. Jamás se hace por accidente. Un nombre es siempre expresión de una naturaleza. Dios trajo toda la creación del reino animal ante Adán y lo comisionó para que le asignara nombre a cada uno, y él lo hizo.

Adán tuvo la capacidad de darle a cada animal su nombre correcto. Eso indica que entendía las relaciones entre las criaturas: cada orden, especie, etc. En otras palabras, él tuvo lo que podríamos llamar el conocimiento científico, no por experiencia sino por el ejercicio de la revelación divina que emanaba de su relación con Dios.

En mis estudios de filosofía en la Universidad de Cambridge me especialicé en el pensamiento de Platón. Una de las cosas que más preocuparon a este gran filósofo fue el llamado proceso de definición. Mi disertación tuvo como tema: «La Evolución del Método de Definición de Platón», y por este trabajo fui recibido como miembro de la fraternidad del «King's College» en la Universidad.

Platón descubrió que no podemos definir satisfactoriamente las cosas al movernos de arriba hacia abajo, es decir, de una mayor a una menor multiplicidad. No podemos tomar una masa de cosas diferentes, escoger los elementos similares y llegar finalmente a una lista exclusiva de cosas *comunes y peculiares* en relación con lo que estamos tratando de definir. No se puede lograr así ninguna definición satisfactoria porque es una manera inadecuada.

Platón llegó finalmente a una conclusión que lo hace en realidad el «padre» del método de definición por géneros y especies, que es el que utiliza la ciencia moderna. Dicho lo anterior de una manera sencilla, no podemos partir del fondo y trabajar hacia arriba. Debemos empezar por arriba y movernos en sentido descendente. Comenzamos por establecer la familia, luego los géneros, las especies, y así sucesivamente.

Pero, ¿cómo logramos el primer nivel, es decir, una clasificación que sea totalmente incluyente? La respuesta de Platón sería: mediante la *intuición,* no por observación. Esta es un área en donde el hombre tiene que ir más allá del mero sentido perceptivo. En su relación inicial con Dios, Adán tenía perfecta intuición. Podía ver intuitivamente todas las relaciones en el reino de los animales y expresarlas en los nombres que les daba.

La última característica singular de Adán en nuestro estudio es *la provisión que Dios le hizo de una compañera.* Leemos en Génesis 2:20: «Mas para Adán no se halló ayuda idónea para él».

La frase *ayuda idónea* es, en el idioma hebreo, *ezer k'negdo,* que significa más o menos «una ayuda que estuviera al lado de él». Cuando Adán pasó revista a todos los animales, no encontró ninguno con el cual pudiese identificarse de manera personal. Y para mejorar su situación, Dios tuvo que ponerlo a dormir.

Entonces, el Señor Dios hizo caer sueño profundo sobre Adán, y mientras dormía, tomó una de sus costillas, y cerró la carne en su lugar. Y de la costilla que el Señor Dios tomó del hombre, hizo una mujer, y la trajo al hombre.

> «Dijo entonces Adán: Esto es ahora hueso de mis huesos y carne de mi carne; ésta será llamada varona [que en el hebreo es *Ishshah*] porque del varón [*Ish*, en el hebreo] fue tomada. Por tanto, dejará el hombre a su padre y a su madre, y se unirá a su mujer, y serán una sola carne» (vv. 23-24 *é.a*).

Adán había tenido el privilegio de disfrutar una presentación única del orden multifacético y la perfección de la creación de Dios. Sin embargo, todavía faltaba algo. No había una criatura de su mismo nivel con la cual relacionarse y compartir íntimamente lo que estaba viviendo.

La Iglesia será para Jesús lo que Eva llegaría a ser para Adán: hueso de sus huesos y carne de su carne, para satisfacer así su anhelo de comunión.

Algo curioso y a veces frustrante es el hecho de que las cosas de extrema belleza no las podemos disfrutar a plenitud si estamos solos. Existe algo en la verdadera grandeza que usted no puede apreciar plenamente por sí mismo. Cuando yo era estudiante en Cambridge, tuve un amigo que solía caminar conmigo en las montañas griegas. Pero había ocasiones en que él iba solo. Disfrutaba en particular las montañas del noroeste de Grecia. Llevaba nada más que su bolsa de dormir y se acostaba hasta que el sol bañaba con sus rayos las colinas al día siguiente. Luego al regresar me decía: «Era tan grandioso, tan hermoso, pero no pude absorber toda esa belleza sin alguien que estuviera conmigo para compartirla».

Creo que a muchos de nosotros nos es familiar ese tipo de sentimiento. Llega un momento en que usted dice: «Necesito a alguien con quien compartirlo».

Después que todo el desfile del mundo animal pasó ante Adán, todavía no hubo nadie con quien disfrutarlo. ¡Deliberadamente Dios lo preparó todo de esa manera! Al hacerlo, le estaba mostrando a Adán lo que él mismo deseaba, e hizo que éste deseara lo mismo. Lo que Dios anhelaba más que todo, y lo que quiso que Adán experimentara, era *comunión*.

Tras esa gráfica demostración a Adán de su necesidad de comunión, Dios realizo una operación singular. Removió una de sus costillas, hizo de ésta una mujer y se la presentó para que fuera su «ayuda». La respuesta de Adán fue: «¡Esto es lo que yo estaba esperando! Ésta es hueso de mis huesos y carne de mi carne».

Este es un cuadro claro donde se refleja la relación de Jesús y la Iglesia. Mientras Jesús dormía en la tumba, Dios tomó por causa de su muerte la que llegaría a ser su esposa. La Iglesia será para Jesús lo que Eva llegaría a ser para Adán: hueso de sus huesos y carne de su carne, para satisfacer así su anhelo de comunión.

Volvemos una vez mas a esta tremenda verdad de que el supremo propósito de Dios es la comunión con el hombre.

A continuación resumiré brevemente las cinco características distintivas de Adán tal como las he descrito previamente en este capítulo. Se aplican a cada uno de nosotros como descendientes de Adán, y revelan muchas de las necesidades más profundas de nuestra vida:

- *El método de creación:* el cuerpo de Adán fue moldeado del barro, pero luego recibió aliento de vida directamente del Espíritu del Dios Todopoderoso. Esto produjo una confrontación cara a cara entre Dios y Adán. Esta fue la base de la relación de Adán con Dios, y lo que le dio una capacidad de compañerismo con Él, a diferencia de la relación con cualquier otra criatura.

- *La naturaleza especial del hombre:* en lo interior, Adán fue creado con una semejanza especial con Dios, la cual era espiritual, moral e intelectual. Y, en lo exterior, su forma física reflejaba la forma del Creador.

- *El propósito de la creación del hombre:* Adán debía ejercer autoridad como representante de Dios sobre toda la tierra.

- *La posición del hombre como socio o colaborador inteligente de Dios:* en cierto punto, en su relación con Adán, Dios se hizo a un lado y dijo: «Adán, ¿cómo piensas que deberíamos llamar a estos animales?». Adán entonces tuvo la responsabilidad de la clasificación del reino animal.

- *La provisión de una compañera:* Dios provocó primero en Adán un sentido de necesidad de tener a alguien con quien compartir y disfrutar una íntima comunión. Y entonces satisfizo esa necesidad al darle a Eva. Esta relación llego a ser un modelo de la relación que Dios pretende desarrollar entre Cristo y su esposa, la Iglesia.

En el ejercicio de sus responsabilidades, Dios le dio a Adán una voluntad libre. Podía elegir entre obedecer o no. La voluntad libre o el libre albedrío, serían una farsa si no existiera libertad de elegir. Después de crearlo Dios no permaneció al lado de Adán como un policía en servicio, para decirle: «¡Ahora, haz esto, o no hagas aquello!».

Al parecer Dios dejó solos a Adán y Eva durante significativos períodos de tiempo. Génesis 3:8 describe que «Dios se paseaba en el huerto al aire del día», literalmente «con la brisa del día». Eso pudo haber sido la hora cuando había frescura y la brisa vespertina comenzaba a soplar. Parece claro que Dios no estaba en el huerto todo el día. La deducción es que solía llegar por allí de visita para tener comunión en las horas de la tarde.

La misma honra y respeto que le debemos a Dios, le debemos a su Palabra.

Aunque Dios no permaneció continuamente presente en el huerto de manera personal, dejó con Adán un representante permanente, algo que lo representaría y que nunca se separaría de Adán. ¿Sabe qué era? *¡Su Palabra!* Dios le dejó una palabra.

Enfatizo este punto porque tenemos un paralelo directo entre esta situación y la nueva creación en Cristo. Cuando somos reconstruidos en Cristo, Dios no nos sigue como policía para decirnos:

«¡Hagan esto! ¡No hagan aquello!» Ni esgrime un gran garrote delante de nosotros todo el tiempo. Él nos ha dejado un representante suyo permanente: su Palabra. En Juan 14:23, Jesús le dijo a Judas Tadeo: «El que me ama, mi palabra guardará; y mi Padre le amará, y vendremos a él, y haremos morada con él».

¿Cómo es, entonces, que Él viene a nosotros? ¿Y cómo hace su morada con nosotros? Él viene y habita con nosotros *a través de su Palabra.* El lugar que le damos a la Palabra de Dios en nuestras vidas, es lugar que le damos a Dios mismo. El lugar que su Palabra tiene en nosotros es el lugar que Dios habita. La misma honra y respeto que le debemos a Dios, le debemos a su Palabra. Nuestro amor por Él no es mayor que el amor que le tenemos a su Palabra. La prueba, el punto de toque de nuestra comunión con Dios es la actitud que tenemos hacia su Palabra.

Esto fue una realidad en el caso de Adán. La base de su relación con Dios fue su relación con la Palabra de Dios. Hasta donde sabemos, Dios no le dio una Biblia completa. Le dio dos versículos: Génesis 2:16-17:

> «Y mandó Jehová Dios al hombre, diciendo: De todo árbol del huerto podrás comer; mas del árbol de la ciencia del bien y del mal no comerás; porque el día que de él comieres, ciertamente morirás».

Esa fue la Palabra de «Jehová Dios», esa era la verdad. Sin embargo, leemos en Génesis 3:4 que Satanás dijo: «*No moriréis*» (*é.a*). Esa era una mentira, el engaño de Satanás. Adán y Eva enfrentaron una situación en la cual tenían que tomar una clara decisión entre la verdad de Dios y la mentira de Satanás. Su trágico error fue que rechazaron la verdad de Dios y acogieron la mentira de Satanás.

«Tú puedes pecar y salirte con la tuya». Esa es *la* mentira. La verdad es que: «El día que de él comieres, ciertamente morirás». Los descendientes de Adán todavía enfrentan la misma disyuntiva que él tuvo en el huerto del Edén. Y usted y yo tenemos que hacer hoy la misma elección. No podemos permanecer neutrales. Cada uno de nosotros define su destino por la forma en que responde a la Palabra de Dios.

Note las tres frases sucesivas de la Palabra de Dios tal como Él se las dio a Adán. Antes que cualquier otra cosa, hay *permiso* de acción. Dios comienza con lo positivo: «De todo árbol del huerto podrás comer; menos de uno». Luego sigue una *prohibición:* «Pero del árbol de la ciencia del bien y del mal no comerás». Finalmente la tercera frase es una *advertencia:* «El día que de él comieres, ciertamente morirás».

Mientras Adán creyó y obedeció la Palabra de Dios, ningún mal pudo tocarlo. Nada podía quitarle su paz, vida o bendición. Pero en el momento en que rechazó la Palabra de Dios, aunque el Señor no estaba presente en el huerto en aquel momento, él rechazó a Dios mismo. Permítame afirmarlo una vez más porque esta es una de las lecciones más grandes y fundamentales de toda la Escritura: *su actitud hacia la Palabra de Dios determina su relación con él.* Quizá usted no ha alzado su puño frente al rostro de Dios y le ha dicho: «Dios, yo no te quiero en mi vida» Sin embargo, rechazar o desobedecer su Palabra es un acto de desafío similar al de manotear en el rostro de Dios. Su actitud hacia la Palabra de Dios es su actitud hacia Él.

Note otra vez la relación entre la creación descrita en Génesis y la nueva creación en Cristo. Cuando Dios creó a Adán, no se preguntó preocupado: «Ahora, ¿dónde lo vamos a poner? ¿Qué le vamos a dar de comer?». Todo lo que necesitaba había sido perfectamente provisto en el preconocimiento de Dios. Él lo ubicó en una situación en la que toda necesidad suya ya había sido satisfecha, excepto la de una esposa. Adán no necesitaba nada que no estuviera ya allí. Y había una condición para permanecer en esta perfecta provisión: creer y obedecer la Palabra de Dios.

Tal como entiendo el Nuevo Testamento, todo lo anterior es aplicable a cada nueva criatura en Cristo. Cuando Dios toma a un pecador y lo hace nueva criatura, no se preocupa preguntándose: «¿Qué voy a hacer con él? ¿Cómo lo voy a guardar? ¿En dónde va a vivir? ¿Cómo encontrará la solución a sus problemas?».

En la nueva creación, todo lo que podamos necesitar ya está provisto en Cristo. Como Adán en el huerto, somos ubicados en una provisión completa y perfecta. 2 Pedro 1:2-4 lo describe con toda claridad:

> «Que abunden en ustedes la gracia y la paz por medio del conocimiento que tienen de Dios y de Jesús nuestro Señor. Su divino poder, al darnos el conocimiento de aquel que nos llamó por su propia gloria y potencia, nos ha concedido todas las cosas que necesitamos para vivir como Dios manda. Así Dios nos ha entregado sus preciosas y magníficas promesas para que ustedes, luego de escapar de la corrupción que hay en el mundo debido a los malos deseos, lleguen a tener parte en la naturaleza divina» (NVI).

Note el tiempo verbal utilizado en esta Escritura: «Su divino poder, al darnos el conocimiento de aquel que nos llamó por su propia gloria y potencia [ya nos lo dio]... *nos ha concedido* todas las cosas que necesitamos para vivir como Dios manda». Él no tiene que darnos nada más, ya nos lo dio todo en Cristo Jesús. Todo nos viene mediante el conocimiento de Cristo, y está contenido en las «preciosas y magníficas promesas» de su Palabra.

Dios creó a Adán y lo ubicó en un lugar de perfecta provisión. No le faltaba nada. La única condición para permanecer allí era creer y obedecer la Palabra de Dios.

De igual manera usted y yo, reconstruidos en Cristo, somos ubicados en una provisión completa y perfecta. Todo lo que podamos necesitar, desde ahora y por la eternidad, ya ha sido provisto. La única condición para permanecer en esta perfecta provisión es creer y obedecer la Palabra de Dios. El error crítico de Adán fue que no se sometió a la autoridad de la Palabra de Dios. Y ese sigue siendo también, como cristianos, nuestro más grande y común error.

$$7$$

Un Hombre y su Oración

El orgullo y rebelión de Satanás le costaron su lugar de honor y privilegio en los cielos. Muchos cristianos suponen que él fue arrojado permanentemente de las regiones celestes. Hablan y oran como si Satanás estuviera en el infierno, pero ese no es el cuadro que nos muestra la Palabra. Como lo he mencionado antes, según Apocalipsis 20:13-15, la muerte y el hades (Infierno) son ángeles malignos que gobiernan en este momento el inframundo en el cual los incrédulos son entregados a la muerte, junto con otras criaturas que han estado en rebelión contra su Creador (cf. 2 Pedro 2:4). Esto incluiría a los ángeles que tuvieron relaciones con las mujeres, «hijas de los hombres» o «hijas de los seres humanos» (NVI), que se mencionan en Génesis 6:4.

Hades es también un título para el área que ellos gobiernan. Pero Satanás no está confinado en este lugar con ellos. Finalmente la muerte y el hades serán arrojados al lago de fuego junto con todos los demás enemigos de Dios.

En Efesios 2:2 a Satanás se le llama el «príncipe de la potestad del aire», refiriéndose a él como gobernante de la región espiritual definida como «el aire». En el griego hay dos palabras que significan *aire: aither,* emparentada con la palabra en Español *éter,* y *aer,* de la cual se deriva *aéreo.* La segunda palabra, *aer,* designa el aire inmediatamente contiguo a la superficie de la tierra, mientras que la primera, *eter,* hace referencia a la atmósfera enrarecida más alta, y nunca se aplica a la zona de aire contigua a la superficie terrestre.

Es significativo que donde quiera que a Satanás se le llame «príncipe del aire», el término utilizado es *aer.* En otras palabras, Satanás reclama el dominio sobre toda la superficie del globo.

En Daniel 10 se nos da una luz sobre la actividad que tiene lugar entre los ángeles, tanto de Dios como de Satanás. Al parecer existe un continuo conflicto entre los ángeles de Dios y las fuerzas de Satanás que se les oponen. Este conflicto tiene lugar en el área mencionada como «en medio del cielo».

La oración de Daniel es contestada

Al comenzar el capítulo 10 encontramos a Daniel en duelo y ayuno parcial durante veintiún días. Él había estado buscando a Dios en profunda aflicción por causa de la esclavitud de su pueblo Israel, y la desolación de la ciudad de Jerusalén.

«En aquellos días yo Daniel estuve afligido por espacio de tres semanas. No comí manjar delicado, ni entró en mi boca carne ni vino, ni me ungí con ungüento, hasta que se cumplieron las tres semanas» (vv. 2-3).

Daniel es recompensado por la visita de Gabriel, un arcángel de Dios. Al reflexionar sobre la visita de Gabriel a Daniel, es necesario que tengamos en cuenta que los capítulos 10, 11 y 12 de este libro, son una sola y continua revelación de acontecimientos que llevarán a su cima la historia de Israel en la presente dispensación.

Gabriel comienza su mensaje con palabras de aliento:

«Entonces me dijo: Daniel, no temas; porque desde el primer día que dispusiste tu corazón a entender y a humillarte en la presencia de tu Dios, fueron oídas tus palabras; y a causa de tus palabras yo he venido» (v. 12)

Daniel había estado orando durante veintiún días, y su oración fue escuchada desde el primero. *Pero la respuesta sólo llegó el día veintiuno.* ¿Cuál fue la razón para la demora? El versículo 13 nos dice cuál fue esa razón:

«Mas el príncipe del reino de Persia se me opuso durante veintiún días; pero he aquí Miguel, uno de los principales príncipes, vino para ayudarme, y quedé allí con los reyes de Persia».

Note que estos acontecimientos ocurren enteramente en el nivel angélico. El único ser humano involucrado en ellos, es Daniel. El arcángel Gabriel es enviado de Dios en respuesta a la oración de Daniel para llevarle una revelación. Pero Satanás, conociendo el significado de dicha revelación, lanza todas sus fuerzas en los cielos para impedir que el arcángel Gabriel llegue a la tierra con él.

La oposición a Daniel, la ejerce básicamente el «príncipe del reino de Persia». Este no es un hombre sino un ángel maligno, a quien Satanás le ha encargado una tarea de dos facetas: resistir los propósitos de Dios y hacer cumplir la voluntad de Satanás en el reino de Persia.

Es importante recordar que Satanás tiene la tierra (sus reinos, imperios y gobiernos) asignada a los diferentes ángeles que están bajo su autoridad. Un caso similar ocurre en nuestra situación política contemporánea. Podemos estar seguros de que Satanás tiene a uno de sus ángeles principales a cargo de la misión de sembrar confusión en Washington DC, otro a cargo de Beijing (o Pekín), otro para Moscú y uno más para Londres. Si nosotros no comprendemos estas cosas, jamás llegaremos a ser el tipo de guerreros de oración eficaces que Dios nos ha llamado a ser.

El conflicto angélico en los cielos entre las fuerzas de Dios y las de Satanás, registrado en Daniel 10, llegó a ser tan intenso que Miguel, un segundo arcángel, tuvo que venir para ayudar a Gabriel.

Esta confrontación de Gabriel y Miguel con los ángeles de Satanás no fue una pequeña escaramuza. Le tomó veintiún días a Gabriel romper el cerco de las tropas de Satanás, que impedían su descenso desde el cielo de Dios hasta la tierra de los hombres.

¿En qué consiste la lucha que los ángeles libran entre sí? Una palabra o frase clave que utilizan las Escrituras cuando hablan de ello es: *resistir, hacer frente* u *oponerse*. En Daniel 10:13, Gabriel dice: «El príncipe del reino de Persia *se me opuso* durante veintiún días» (*é.a*). Esto significa: «Me resistió».

*Es importante recordar que Satanás
tiene la tierra (sus reinos, sus imperios
y sus gobiernos) asignada a los diferentes
ángeles que están bajo su autoridad.*

Y de nuevo en Daniel 11:1, Gabriel dice: «Y yo mismo, en el año primero de Darío el medo, estuve para animarlo y fortalecerlo».

Estos dos grandes arcángeles, Gabriel y Miguel, estuvieron unidos en esta tarea de ministrar a Daniel y llevarle respuesta a su oración.

Luego, en cumplimiento de su misión, Gabriel empieza a contarle a Daniel lo que el futuro le traerá:

> «He venido para hacerte saber lo que ha de venir a tu pueblo en los postreros días; porque la Visión es para esos días ... Y me dijo: ¿Sabes por qué he venido a ti? Pues ahora tengo que volver para pelear contra el príncipe de Persia; y al terminar con él, el príncipe de Grecia vendrá. Pero yo te declararé lo que está escrito en el libro de la verdad; y ninguno me ayuda contra ellos, sino Miguel vuestro príncipe» (Daniel 10:14, 20–21).

Note que Miguel es llamado «vuestro príncipe», dado el hecho que Daniel era israelita. Miguel es el arcángel particularmente responsable de hacer cumplir los propósitos de Dios con Israel. Miremos lo que dice Daniel 12:1:

«En aquel tiempo se levantará Miguel, el gran príncipe que está de parte de los hijos de tu pueblo [Israel]» (*é.a*). en la tierra.

El reloj profético de Dios ha comenzado a marcar el tiempo una vez más.

Este es ciertamente el caso cuando Gabriel en efecto dice: «Mi batalla no está ganada aun». Y luego añade: «Cuando haya acabado con los reyes de Persia, el siguiente que se nos opondrá será el príncipe de Grecia». (El príncipe de Grecia es el ángel maligno responsable de ejecutar la voluntad de Satanás en aquel imperio).
¿Por qué fueron Persia y Grecia de importancia particular en este escenario? Por causa de su relación con Israel.

Cuatro reinos sucesivos fueron responsables en alguna medida de la cautividad de Israel, y ejercieron dominio sobre su tierra y sobre la ciudad de Jerusalén. Estos reinos fueron: Babilonia, Persia, Grecia y Roma. El foco de la profecía en esta etapa fueron la tierra y el pueblo de Israel. Cada una de estas cuatro naciones fue importante en su momento por causa de su relación histórica con Israel.

Luego, en el año 70 d.C., cuando el pueblo Judío fue dispersado e Israel dejó de existir como entidad geográfica, el enfoque de la profecía cambió. En los diecisiete o dieciocho siglos que siguieron tuvo que ver con muy pocos eventos mundiales importantes. Pero ahora que el pueblo judío regresó a la tierra de Israel, la profecía ha empezado a cobrar importancia otra vez. El reloj profético de Dios comenzó a marcar el tiempo una vez más. Se está preparando el escenario para la culminación de esta era. Los capítulos 7, 8, 11 y 12 del libro de Daniel, centran su atención en este período, el cual vivimos actualmente.

La función de la intercesión

Lo que más me emociona de los incidentes registrados con anterioridad es que el ministerio de intercesión desempeñó un papel decisivo. El cielo no se movió hasta que Daniel oró. Los ángeles del cielo no pudieron prevalecer hasta que él prevaleció.

Pero eso demandó *persistencia*. Si nuestra oración no está logrando respuesta inmediata no es porque la petición no sea acorde con la voluntad de Dios. Puede ser porque un príncipe maligno, en los cielos, está en el camino estorbando la respuesta. Entonces, ¿qué tenemos que hacer? ¡Orar para sacarlo del camino!

Daniel no le dejó la iniciativa al enemigo. Él mismo escogió el campo de batalla para la oración. Fue persistente cuando enfrentó la oposición. En ocasiones la oposición de Satanás es uno de los mejores indicadores de que estamos orando de acuerdo a la voluntad de Dios.

Encontramos dos elementos complementarios en la vida de oración de Daniel. Número uno, él cultivó una vida de oración desde su juventud. Esto era tan importante para él, que aún la amenaza de ser echado al foso de los leones no lo hizo cambiar, él mantuvo momentos regulares de oración durante todo el día. Número dos, Daniel no oró de acuerdo con sus propias ideas sino que lo hizo por el cumplimiento del propósito de Dios, tal como lo encontró revelado en las Escrituras. El Señor Dios le había revelado un pasaje del profeta Jeremías:

«Yo, Daniel, logré entender ese pasaje de las Escrituras donde el Señor le comunicó al profeta Jeremías que la desolación de Jerusalén

> duraría setenta años. Entonces me puse a orar
> y a dirigir mis súplicas al Señor mi Dios. Ade-
> más de orar, ayuné y me vestí de luto y me
> senté sobre cenizas» (Daniel 9:2-3 NVI).

Cualquier creyente que se entregue al ministerio de intercesión debe convertirse en un estudiante diligente de la profecía bíblica, porque esta es la base fundamental de toda oración verdadera y eficaz. En Mateo 24 y 25, Jesús mismo hace un esbozo de los propósitos de Dios revelados en la profecía. Todo creyente que decida orar de acuerdo con este delineamiento del Señor, debe hacer un estudio diligente del cuadro del fin de los tiempos que Él mismo describió en aquellos capítulos.

Un problema serio de muchos creyentes es que subestiman su propia influencia y su potencial. No obstante, en cierto sentido, el universo gira alrededor de nosotros. Cuando oramos, el cielo actúa. Si nos mantenemos firmes en oración, los propósitos del cielo se cumplen; si flaqueamos en la oración, los propósitos de Dios se frustran.

Cualquier creyente que se entregue
al ministerio de intercesión debe convertirse
en un estudiante diligente de la profecía bíblica, porque esta
es la base fundamental de toda oración verdadera y eficaz.

Un hecho de vital importancia para nuestra vida de oración surge de los incidentes relatados anteriormente. Por desgracia pocos cristianos se percatan de esto. El hecho es el siguiente: *para ascender de la tierra hasta el trono de la autoridad de Dios, nuestras oraciones deben pasar a través de un territorio ocupado por el enemigo.* Esto fue obvio en el caso de las oraciones de Daniel, que ya hemos visto anteriormente. Un príncipe maligno llamado el «príncipe de Persia», se opuso a ellas en los cielos. Sin embargo, al final la oración persistente de Daniel, logró que este se rindiera. La eficacia de su oración no se manifestó en el mundo natural. Él no estaba tratando con seres humanos; estaba dispersando fuerzas satánicas en los cielos que se oponían a los propósitos de Dios.

Retados por el ejemplo de Daniel, debemos hacernos ciertas preguntas antes de entregarnos a la oración: ¿se fundamentan mis oraciones en la Escritura o son ellas nada más que la expresión de mis propios deseos?

¿Estoy haciendo el tipo de oración agresiva e irresistible que alcanza el trono de Dios? Cuando oro, ¿estoy preparado para tratar con fuerzas espirituales satánicas en el ámbito celestial y no simplemente con situaciones a nivel humano?

Hablaba yo una vez a un grupo de metodistas sobre el tema de la oración, y les comenté que «algunas personas leen sus oraciones, otras las dicen o las recitan; mientras algunas más, oran».

Desde luego mi comentario provocó algunas preguntas. ¿Cuál es la diferencia?, (me preguntaron).

«Bueno, (repliqué). Una persona que realmente está orando no lee o recita solamente su oración sino que ella misma se convierte en la oración».

Seguí explicando que ese fue el caso de David cuando estaba bajo tremenda presión, según lo relata en el Salmo 109:3-4: «Con palabras de odio me han rodeado, y pelearon contra mí sin causa. En pago de mi amor me han sido adversarios; *mas yo oraba*» (é.a).

---

*Dos cosas necesitamos para que
la oración sea eficaz: autoridad y poder.*

Elías, en el Monte Carmelo, nos muestra un cuadro de este tipo de oración:

> «Acab subió a comer y a beber. Y Elías subió a la cumbre del Carmelo, y postrándose en tierra, puso su rostro entre las rodillas. Y dijo a su criado: Sube ahora, y mira hacia el mar. Y él subió, y miró, y dijo: No hay nada. Y él le volvió a decir: Vuelve siete veces. A la séptima vez dijo: Yo veo una pequeña nube como la palma de la mano de un hombre, que sube del mar. Y él dijo: Ve, y di a Acab: Unce tu carro y desciende, para que la lluvia no te ataje» (1 Reyes 18:42–44).

En este punto Elías no solamente elevó una oración, *él mismo se convirtió en su oración.* Todo su cuerpo llegó a ser un instrumento que respondió al Espíritu de Dios moviéndose en el interior y liberando el poder sobrenatural de Dios en él.

Pero en Hebreos 5:7 tenemos un modelo mejor de este tipo de oración cuando el escritor describe a Jesús:

> «En los días de su vida mortal, Jesús ofreció oraciones y súplicas con fuerte clamor y lágrimas al que podía salvarlo de la muerte, y fue escuchado por su reverente sumisión» (NVI).

Elías en el Monte Carmelo, y Jesús en el Getsemaní, se convirtieron en vehículos de un poder sobrenatural que se abrió paso a través de toda oposición satánica, y logró los propósitos de Dios.

Dos cosas necesitamos para que la oración sea eficaz: *autoridad* y *poder*. La autoridad es un concepto legal. Para tener autoridad necesitamos tener la confianza de que hemos llenado los requisitos legales. Una vez que hemos cumplido con éstos, orar en el nombre de Jesús pone el sello de su autoridad en nuestra oración. Él mismo lo señalaba continuamente: «Si algo pidiereis *en mi nombre*, yo lo haré». Elevar tal tipo de oración es como enviar una carta certificada. Nadie la puede tocar o detener. Se garantiza que llegará a su destino.

Como cristianos en el mundo de hoy, debemos esperar hacer frente a situaciones en las cuales nada menos que la clase de oración practicada por Elías y Jesús, puede lograr la victoria. Frecuentemente este tipo de oración encuentra expresión en alabanza desinhibida y poderosa. Nuestras oraciones deben estar acompañadas de poder sobrenatural para penetrar el área celeste en donde Satanás procura hacernos resistencia. La técnica con la cual la NASA (Administración Aeronáutica y del Espacio de Estados Unidos) lanza una nave al espacio. Adhieren la nave a un cohete transportador, cuando éste es activado suministra la energía necesaria para proyectar la nave más allá de la atmósfera de la Tierra. Pero el lanzamiento del cohete va acompañando por un destello casi enceguecedor, y por un prolongado rugir durante el ascenso de la nave a través de la atmósfera terrestre. Una vez ha alcanzado cierta altura, continúa con su propio impulso. Sin embargo, no hay manera de enviar un cohete sin producir un poderoso impacto a los sentidos.

De manera similar la liberación de la energía necesaria para proyectar nuestras oraciones a través de los cielos produce un impacto poderoso en nuestros sentidos. A veces tenemos la impresión de que la oración tiene que ser solemne y exaltada. Pero no hay nada de solemnidad en el lanzamiento de un cohete.

El conflicto espiritual, inevitablemente, pondrá a prueba nuestro carácter. Daniel nos suministra tres estimulantes ejemplos:

- Primero: su oración *le costó algo*. Al someterse a un ayuno parcial durante tres semanas sacrificó su propia comodidad, o placer carnal.
- Segundo: *no se rindió* al desaliento. A pesar del hecho de que no había evidencia tangible de que Dios estuviera escuchando su oración y que la respuesta estaba en camino, continuó derramando su corazón delante de Dios.
- Tercero: por causa de su valor y persistencia, los propósitos de Dios para Israel se cumplieron. Fue su vida de oración la que lo ubicó en esa posición singular en la historia de su pueblo.

Las siguientes son lecciones importantes que podemos aprender de la vida de oración de Daniel:

- *Desde su juventud, la oración para Daniel fue una forma de vida, no una actividad religiosa.* Él reservó un lugar y tiempo cada día para entregarse a la oración.
- *No improvisó su oración.* El impulso original para orar le venía de las escrituras proféticas. Él oró por el cumplimiento de la voluntad de Dios tal como estaba revelada en la Escritura.

- *Su oración exigía autonegación y estuvo acompañada por ayuno.* En el Sermón del Monte, Jesús dijo a sus discípulos: «*Cuando* oren ... *Cuando* ayunen» No dijo: «*Si* oran» o «*si* ayunan». Dio por hecho que sus discípulos practicarían tanto la oración como el ayuno. Hay ocasiones en que la oración sola no es suficiente. Se hace necesario recibir poder sobrenatural mediante el ayuno.

- *Su compromiso con la oración fue total.* Como lo mencioné antes, ni aún la amenaza de echarlo al foso de los leones lo hizo vacilar.

Esto pone de manifiesto un hecho a menudo descuidado por los cristianos durante tiempos de conflicto: *La oración efectiva pone a prueba nuestro carácter. Ella demanda un compromiso de todo corazón.*

Orar como lo hizo, proyectó a Daniel a un nivel de actividad muy por encima del terrenal. Los últimos tres capítulos de su libro contienen un total de setenta y ocho versículos. Daniel mismo es el único ser humano involucrado. Los otros seres mencionados son ángeles.

Volvamos ahora nuestra atención hacia estas maravillosas criaturas.

8

Seres Angélicos

Las Escrituras contienen muchas referencias a los ángeles. Por eso sorprende que a menudo los predicadores descuiden el tema, pues ellos desempeñan un importante papel en el desarrollo de los propósitos de Dios.

En el Salmo 104, David define la naturaleza de los ángeles al afirmar que son espíritus: «Quien hace a sus ángeles espíritus, a sus ministros llama de fuego» (v. 4 NKJ).

Ahora bien, sabemos que el hombre también posee espíritu. En 1 Tesalonicenses 5:23, Pablo al orar por los creyentes, dice: «Y el mismo Dios de paz os santifique por completo; y todo vuestro ser, *espíritu, alma y cuerpo,* sea guardado irreprensible para la venida de nuestro Señor Jesucristo» (é.a). Toda nuestra personalidad esta integrada por estos tres elementos: espíritu, alma y cuerpo.

La Escritura revela que los seres espirituales son eternos. El espíritu de cada uno de nosotros existirá por siempre. De ahí que, tanto hombres como ángeles, hagan frente a este hecho solemne: *jamás dejarán de existir*. Todos los que rechazan la misericordia de Dios están condenados a pasar la eternidad en un lago de fuego en el cual no hay fin ni salida.

El «Ángel» divino

Ante todo, en nuestro estudio de los seres angélicos, necesitamos comprender que Dios mismo a menudo se aparece a los hombres como un «Ángel» (note la *A* mayúscula). Por ejemplo, este divino ángel se le apareció a Hagar, la concubina de Abraham, cuando ella huía de Sara: «Y le dijo el ángel de Jehová: Vuélvete a tu señora, y ponte sumisa bajo su mano» (Génesis 16:9).

Luego agregó: «Multiplicaré tanto tu descendencia, que no podrá ser contada a causa de la multitud» (v. 10).

Mas adelante el ángel le dice otra vez: «Levántate, alza al muchacho y sostenlo con tu mano, porque yo haré de el una gran nación» (Génesis 21:18).

Sólo Dios mismo, manifestado en la persona de un Ángel, podía hacer promesas como estas: «Multiplicaré en gran manera su descendencia» y «haré de él una gran nación».

Este Ángel también se le apareció a Moisés: «Y se le apareció el Ángel de Jehová en una llama de fuego en medio de una zarza» (Éxodo 3:2).

Dos versículos más adelante, a este mismo Ángel específicamente, se le llama «Dios»: «Viendo Jehová que él iba a ver, lo llamó Dios de en medio de la zarza» (v. 4).

Otro ejemplo es la aparición del Ángel a Gedeón: «Y el Ángel de Jehová se le apareció, y le dijo: Jehová está contigo, varón esforzado y valiente. Y Gedeón le respondió: Ah, Señor mío, si Jehová está con nosotros, ¿por qué nos ha sobrevenido todo esto? ¿Y dónde están todas sus maravillas, que nuestros padres nos han contado?» (Jueces 6:12-13).

Ante todo, en nuestro estudio de los seres angélicos, necesitamos comprender que Dios mismo a menudo se aparece a los hombres como un «Ángel».

En el relato que sigue, a este Ángel se le llama «el Señor», lo cual, como ya hemos visto, es la forma aceptada de traducir al Español el nombre de cuatro letras generalmente traducido como «Jehová» o «Yahvé». «El Señor lo encaró y le dijo: Ve con la fuerza que tienes, y salvarás a Israel del poder de Madián. Yo soy quien te envía» (v. 14 *é.a* NVI).

La frase *el Señor lo encaró* indica que hubo un encuentro directo, cara a cara, entre Yahvé y Gedeón. Fue un dialogo persona a persona.

Posteriormente (cf. Jueces 13), el mismo Ángel apareció a los padres de Sansón: «El Ángel del Dios volvió otra vez a la mujer» (v. 9), y en el versículo siguiente «Y la mujer corrió prontamente a avisarle a su marido, diciéndole: Mira que se me ha aparecido aquel *varón* que vino a mí el otro día» (v. 10 *é.a*).

Varios versículos de la Escritura también describen ángeles que no eran divinos sino seres creados.

En el versículo 22, Manoa, el padre de Sansón, dice: «Ciertamente moriremos, porque a Dios hemos visto».

De modo que la Persona que se apareció a los padres de Sansón era un «Varón», un Ángel (mensajero de Dios), y también Dios mismo.

¿Quién era esta misteriosa persona? En mi propia experiencia espiritual no me cabe duda de su identidad. Fue la misma que más tarde se manifestó en la historia como Jesús de Nazaret. Jesús reunió en sí mismo las tres naturalezas: Dios, Ángel (mensajero) y Hombre.

Por lo menos otras dos apariciones de este Divino Ángel se registran en la historia de Israel. Números 22 dice que Balac, rey de Moab, envío por el adivinador Balaam para que maldijera a Israel. Pero mientras iba en camino con este propósito, «Jehová abrió los ojos de Balaam, y vio al Ángel de Jehová que estaba en el camino, y tenía su espada desnuda en su mano. Y Balaam hizo reverencia, y se inclinó sobre su rostro» (v. 31).

Tras este encuentro, el ángel permitió a Balaam que siguiera su camino, pero le advirtió estrictamente: «La palabra que yo te diga, esa hablarás» (v. 35). El resultado fue que Balaam declaró tres profecías sucesivas y gloriosas, develando el destino que Dios había planeado para su pueblo Israel.

Posteriormente en la historia de Israel, el reino del sur, Judá, fue atacado por Asiria, y la ciudad de Jerusalén fue sitiada. Sin embargo, en respuesta a la oración del rey Exequias, «salió el Ángel de Jehová, y mató en el campamento de los asirios a ciento ochenta y cinco mil; y cuando se levantaron por la mañana, he aquí que todo era cuerpos de muertos» (2 Reyes 19:35). Ciertamente esa fue una asombrosa manifestación del poder de Dios obrando a través del Ángel.

Características físicas de los ángeles

Varios versículos de la Escritura también describen ángeles que no eran divinos sino seres creados.

Estos seres celestiales son espíritus, pero están dotados de cuerpos que los capacitan para llevar a cabo sus diferentes funciones. En muchos casos sus cuerpos se describen como poseedores de alas. Los ángeles con diferentes funciones difieren en el número de sus alas.

Por ejemplo, de los querubines en el Templo de Salomón, se dice que tenían dos alas (en el hebreo la forma plural de *cherub* es *cherubim*): «Porque los querubines tenían extendidas las alas sobre el lugar del arca, y así cubrían los querubines el arca y sus varas por encima» (1 Reyes 8:7).

Es interesante que *cherub* es la palabra hebrea moderna para decir *col* o *repollo.* ¿Por qué la asociación entre estas palabras? Quizá porque la forma en que las alas de un querubín están adheridas a su cuerpo es similar a la manera en que crecen las hojas del repollo, partiendo de su tallo o pedúnculo.

En el siguiente pasaje encontramos más detalles de los querubines del Lugar Santísimo en el Templo:

> «La longitud de las alas de los querubines era de veinte codos; una ala era de cinco codos, la cual llegaba hasta la pared de la casa, y la otra

de cinco codos, la cual tocaba el ala del otro querubín. De la misma manera, un ala del otro querubín era de cinco codos, la cual llegaba hasta la pared de la casa, y la otra era de cinco codos, que tocaba el ala del otro querubín. Estos querubines tenían las alas extendidas por veinte codos, y estaban en pie con los rostros hacia la casa» (2 Crónicas 3:11-13).

Estos querubines eran figuras imponentes. Cinco codos equivalen a más de dos metros. Esto hacía que la envergadura total de las alas fuera aproximadamente de cuatro metros y medio. Ezequiel 1:5-11 nos da una descripción detallada de los querubines que tenían cuatro alas, a los cuales llama «seres vivientes»: «Y en medio de ella la figura de cuatro seres vivientes. Y esta era su apariencia: había en ellos semejanza de hombre. Cada uno tenía cuatro caras y cuatro alas. Y los pies de ellos eran derechos, y la planta de sus pies como planta de pie de becerro; y centelleaban a manera de bronce muy bruñido. Debajo de sus alas, a sus cuatro lados, tenían manos de hombre; y sus caras y sus alas por los cuatro lados. Con las alas se juntaban el uno al otro. No se volvían cuando andaban, sino que cada uno caminaba derecho hacia adelante. Y el aspecto de sus caras era cara de hombre, y cara de león al lado derecho de los cuatro; así mismo había en las cuatro caras de águila. Así eran sus caras. Y tenían sus alas extendidas por encima, cada uno dos, las cuales se juntaban; y las otras dos cubrían sus cuerpos».

Isaías 6, también se describe otro tipo de seres angélicos llamados *serafines*. El *serafín* tiene relación directa con la palabra hebrea que significa *fuego*. Estas eran ardientes criaturas de fuego que guardaban el entorno del Señor de los ejércitos. Quien quiera que deseara tener acceso a Él, tenía que pasar a través del fuego.

Cada uno de los serafines tenía seis alas: «Por encima de él había serafines; cada uno tenía seis alas; con dos cubrían sus rostros, con dos cubrían sus pies, y con dos volaban» (v. 2).

Cubrirse el rostro y los pies eran actos de adoración. Las dos alas restantes las utilizaban para volar, lo cual era servicio. En el cielo hay dos veces más énfasis en la adoración que en el servicio. ¿No debería ser esa la misma proporción aquí en la tierra?

«Y el uno al otro daba voces, diciendo: Santo, santo, santo, Jehová de los ejércitos; toda la tierra esta llena de su gloria» (v. 3).

La triple expresión por parte de los serafines de la palabra *santo* fue su respuesta a la revelación de un Dios Triuno, es decir, un Dios en tres Personas.

Mas adelante echaremos una mirada a algunos pasajes de la Escritura que se refieren a los ángeles comprometidos en la lucha. Ninguno de ellos menciona que hayan dado muerte a algún ángel. Hablar de un «ángel muerto», al parecer, plantearía una contradicción en los términos.

En 1 Corintios 15:50, el apóstol Pablo habla de una categoría de seres que tienen «carne y sangre». El uso de esta frase, sugiere que él está haciendo un contraste entre este tipo de seres con los que tienen carne pero no sangre. Mi impresión es que el primer ser que tuvo los dos elementos, carne y sangre, fue Adán. El propósito esencial era que Jesús, como el «postrer Adán», ofreciera su sangre como sacrificio final y todo-suficiente por el pecado de la totalidad de la raza adánica.

El ministerio de los ángeles

¿Cuál es el propósito que deben cumplir los ángeles?

Los ángeles no solamente son espíritus sino espíritus *ministradores*, enviados por Dios para servir a su gente y sus propósitos. «¿No son todos espíritus *ministradores*, enviados para servicio a favor de los que serán herederos de la salvación?» (Hebreos 1:14 *é.a*). La Biblia nos ofrece muchos relatos de ángeles enviados a ministrar a miembros de la raza adánica en tiempos de necesidad.

Como ya dijimos antes, la palabra griega utilizada en el Nuevo Testamento para *ángel* es *angelos*, que significa: «Un mensajero». La palabra hebrea que el Antiguo Testamento utiliza para el mismo ser es *malach,* que significa «sirviente». Los ángeles, por lo tanto, son *sirvientes mensajeros* enviados para realizar tareas especiales. A continuación enumero algunas de ellas.

Traer revelaciones

Una función importante asignada a veces a los ángeles, fue entregar revelaciones registradas luego como parte de las Escrituras. Por ejemplo, los mensajes de los primeros seis capítulos del profeta Zacarías, le fueron llevados por ángeles. Varias secciones del libro de Daniel, se las entregaron los ángeles.

Pero la más importante de todas es el libro de Apocalipsis, el cual es la culminación de toda la Escritura. «Y me dijo: Estas palabras son fieles y verdaderas. Y el Señor, el Dios de los espíritus de los profetas, *ha enviado su ángel*, para mostrar a sus siervos las cosas que deben suceder pronto» (Apocalipsis 22:6 *é.a*). Esto nos indica que el contenido completo del libro de Apocalipsis, le fue comunicado a Juan por un ángel.

Más adelante, en este mismo capítulo, Jesús mismo afirma claramente: «Yo Jesús he enviado mi ángel para daros testimonio de estas cosas en las iglesias» (v. 16 *é.a*).

Entregar otros mensajes

La Biblia también contiene ejemplos de ángeles enviados por Dios con varios mensajes para ciertos individuos. Por ejemplo, mientras servía en el templo como sacerdote, Zacarías recibió un mensaje de un ángel profetizando el nacimiento de Juan el Bautista (cf. Lucas 1:11-25). Posteriormente el arcángel Gabriel se apareció a la virgen María y le anuncio que concebiría un Hijo que sería llamado Jesús (Salvador) (cf. vv. 26-38).

En la cumbre del ministerio de Jesús, mientras Él oraba en el huerto de Getsemaní, un ángel se le apareció y lo fortaleció para la prueba que le esperaba: «Y se le apareció un ángel del cielo para fortalecerlo» (Lucas 22:43).

Servir a los santos sobre la tierra

En Lucas 16:19-31, Jesús describe la muerte del mendigo llamado Lázaro, y brevemente levanta el velo sobre los eventos que le siguieron: «Aconteció que murió el mendigo y fue llevado por los ángeles al seno de Abraham» (v. 22).

Siempre me ha impresionado el hecho de que una compañía de ángeles escoltara a Lázaro. Acepto que un ángel llevara ese cuerpo enflaquecido a la presencia de Dios. Pero Él no envió un solo ángel sino que lo honró con toda una escolta. Sus valores son muy diferentes de los nuestros. «Él levanta del polvo al pobre, y del muladar exalta al menesteroso, para hacerlo sentar con príncipes y heredar un sitio de honor» (1 Samuel 2:8).

Dar protección

Otro ministerio de los ángeles es rescatar a los siervos de Dios cuando están en situaciones de peligro. Hay muchos ejemplos de esta labor en la Biblia. Daniel 3:19-25 relata la manera en que Sadrac, Mesac y Abed-Nego se negaron a honrar al dios de Nabucodonosor y fueron echados a un horno de fuego, lo que les debiera haberles producido una muerte instantánea, pero una cuarta persona desconocida (con su presencia), los libró de todo daño, y ellos salieron del horno, ilesos, para glorificar a Dios. Sin duda alguna esa cuarta persona fue un ser angélico.

Tiempo después Daniel se negó a renegar de su compromiso de orar al Dios de Israel por la ciudad de Jerusalén, como consecuencia fue arrojado al foso de los leones (cf. Daniel 6:10-23). Sin embargo, Daniel pasó una noche más tranquila con los leones que el rey Darío en su palacio. A la mañana siguiente Daniel le aseguró al rey: «Mi Dios envió su ángel, el cual cerró la boca de los leones, para que no me hiciesen daño» (v. 22).

Tanto el Antiguo como el Nuevo Testamento nos aseguran que Dios a veces interviene a través de ángeles a favor de sus siervos en situaciones de peligro, y los libra.

El Nuevo Testamento registra intervenciones similares de ángeles a favor de siervos de Dios que estaban encarcelados. Hechos 5:17-28 relata que los apóstoles fueron encarcelados por predicar el Evangelio, pero un ángel del Señor abrió de manera sobrenatural las puertas de la prisión, los llevó fuera y cerró las puertas tras ellos con seguro. Luego les dio instrucciones para que fueran al templo a enseñar a la gente.

Más adelante Hechos 12:4-19 relata que Pedro estaba encarcelado en espera de su ejecución. Pero un ángel del Señor lo despertó de su sueño, lo liberó del cepo y lo sacó seguro de la prisión. En este punto, Pedro se dio cuenta que no estaba soñando, y dijo: «Ahora entiendo verdaderamente que el Señor ha enviado su ángel, y me ha librado de la mano de Herodes, y de todo lo que el pueblo de los judíos esperaba» (v. 11).

Tanto el Antiguo como el Nuevo Testamento nos aseguran que Dios a veces interviene a través de ángeles a favor de sus siervos en situaciones de peligro, y los libra.

Intervención política

Otro ministerio sumamente importante de los ángeles es intervenir en el escenario político, ya sea ayudando a levantar líderes o poniéndolos fuera de acción según sean las directrices del Señor. Los ángeles pueden utilizar su poder sobrenatural para apoyar a líderes que están dedicados a hacer la voluntad de Dios, aunque de hecho no le estén sirviendo.

El levantamiento de Darío el medo, según Daniel 11:1, nos provee un ejemplo destacado: «Y yo mismo, en el año primero de Darío el medo, estuve para animarlo y fortalecerlo».

Darío fue el rey de Persia que sucedió a Ciro y expandió el imperio persa en varias direcciones. Él ayudó a implementar el decreto de su antecesor quien abrió el camino para que los judíos retornaran a su tierra y a la ciudad de Jerusalén.

El regreso de los judíos a Jerusalén fue una parte integral y esencial del desarrollo histórico de los propósitos de Dios. Para que esto ocurriera Dios puso en acción fuerzas angélicas en los cielos. No obstante, el efecto de la intervención angélica en el proceso de la historia puede ser negativo más que positivo para las personas involucradas. Por ejemplo, en Hechos 12:20-23, el rey Herodes pronunció un discurso arrogante ante los pueblos de Tiro y Sidón, en el cual aceptó honra como si fuera un dios. La reacción de Dios al respecto fue inmediata: «Al momento un ángel del Señor le hirió, por cuanto no dio la gloria a Dios; y expiró comido de gusanos» (v. 23). Hubo un señalado contraste entre el honor que Herodes aceptó y la forma en que murió.

Efectuar rescates en momentos de necesidad

Sin embargo, no toda intervención angélica está dirigida a producir cambios históricos importantes. Muy a menudo los ángeles son enviados a ayudar a personas comunes y corrientes cuando están luchando con situaciones fuera de su control.

La historia de Lidia, mi primera esposa, es un buen ejemplo de ello. En 1929, cuando Lidia estaba viviendo sola en Jerusalén, estaba procurando cargar con Tikva, una pequeña niña judía que estaba enferma, para sacarla de una revuelta callejera que había estallado alrededor de su casa. El siguiente es un extracto de mi libro *Appointment in Jerusalem* (Cita en Jerusalén), que narra el drama:

«Casi cada cuadra, o algo así, yo (Lidia) encontraba una barricada de rocas y otros desechos apilados en la calle. Trepando y gateando penosamente sobre ellos, todavía sostenía a Tikva sobre mis hombros.

»Después de andar casi un kilómetro llegué a una barricada más alta que las demás, esta marcaba la línea divisoria entre las zonas árabe y judía. Comencé a gatear otra vez pero casi a mitad de camino mi pie resbaló sobre una piedra floja y junto con un montón de piedras caí al fondo otra vez. Tikva estuvo a punto de caer de mis hombros. Dándome cuenta que las fuerzas me abandonaban, puse a la niña en el suelo y me senté al lado de ella sobre una roca. Yo sola podía subir a cualquier parte, de eso me sentía segura, pero, ¿cómo llevar a Tikva?

»De repente, tuve la desagradable impresión de que ya no estaba sola. Todos los músculos de mi cuerpo se tensionaron. Me di vuelta rápidamente y me encontré con un joven parado en la vía a una corta distancia de mí. Estuve a punto de gritar, pero antes de que lo hiciera el joven tomó a la niña y la puso sobre sus hombros en la misma posición en que yo la llevaba. Entonces, al parecer sin ningún esfuerzo, trepó por la barricada. Liberada del peso de Tikva trepé con éxito tras él.

»Tan pronto como estuve arriba, el joven se apartó de la vía con la niña todavía en sus hombros y conmigo siguiéndolo a corta distancia. Todavía tratando de entender lo que estaba ocurriendo miré más de cerca al joven. Tenía quizá metro y ochenta de estatura, y llevaba un vestido oscuro de corte europeo. Ciertamente no era un árabe, pero podía ser judío. ¿De dónde llegó? ¿Cómo había aparecido tan repentinamente a mi lado?

»Lo que a mí más me sorprendió fue el comportamiento de Tikva. Normalmente si un extraño trataba de agarrarla, habría comenzado a llorar. Pero no le escuchó ni un murmullo desde que el joven la tomo. Iba tan tranquila sobre sus hombros como si fuera sobre los míos. Hasta parecía disfrutarlo.

»Por espacio de casi un kilómetro el joven caminó adelante. Nunca dudó sobre cuál dirección tomar sino que tomó la ruta más directa

123

hacia Musrara. Cada vez que llegábamos a una barricada él trepaba adelante de mí y luego esperaba en el otro lado hasta estar seguro de que yo estaba a salvo. Finalmente se detuvo frente a la casa de la señora Ratcliffe, bajó a Tikva al suelo y comenzó a alejarse por el mismo camino por donde habíamos venido. Durante todo nuestro encuentro no pronunció ni una sola palabra, ni de saludo ni de despedida. En un »minuto estuvo fuera de nuestra vista...

»»¿Cómo es que llegó usted hasta aquí?», insistía en preguntar la señora Ratcliffe. Yo le relaté la jornada y el encuentro con el joven que había acudido en mi ayuda...

»»¡Dios respondió nuestras oraciones!» ⁻dijo ella⁻. «Nosotros le pedimos que enviara un ángel para protegerlas, ¡y sin duda eso es lo que Él hizo!»».

En mi primer contacto con cristianos nacidos de nuevo, frecuentemente fui huésped de una familia que poseía una pensión en Scarborough, en Yorkshire. Tenían ellos una hija soltera, cercana ya a los treinta años de edad, a quien describían como «simple». Una de sus tareas domésticas era sacar la basura a la calle. De vez en cuando un hombre la esperaba. Era un hombre muy bien vestido, con un sombrero bombín, un elegante chaleco con un reloj de bolsillo, de oro. Le entregaba una cierta suma de dinero, la que siempre cubría exactamente la cuenta que era necesario pagar. Esto ocurrió durante un largo período.

Luego, un día al entregarle el dinero, le dijo: «De ahora en adelante no vas a necesitar más dinero», lo cual resultó ser cierto. En ese tiempo los ingresos de la familia aumentaron a un nivel en el que podían pagar todos sus gastos.

Éstas, son sólo dos de las personas que he encontrado a través de los años, que tuvieron algún tipo de contacto con ángeles. Quiero decir, contacto *del cual estaban conscientes*. Estemos seguros que, generalmente, estas legiones sirven a Dios día y noche en medio nuestro.

9

ANGELES EN GUERRA

El mensaje y el ministerio de Jesús dividen a los que lo escuchan y son sus recipientes, en dos categorías: los que lo creen y obedecen, y los que lo rechazan y son rebeldes. Este cisma entre el obediente y el rebelde, divide no solamente a los seres humanos sino también a los ángeles en dos grupos: los que se someten al señorío de Jesús y los que lo rechazan y se rebelan.

La Biblia nos da varios ejemplos de ángeles que son obedientes a Dios y están en guerra contra los ángeles que se mantienen en rebelión. En los eventos descritos en el libro de Daniel, los ángeles desempeñan un papel decisivo. Otra porción de la Escritura que destaca a los ángeles, es el libro de Apocalipsis. Para entender el mensaje de estos dos libros es importante apreciar la parte que desempeñan los ángeles en la lucha espiritual.

Ciertos ángeles tienen asignadas áreas específicas de responsabilidad. Esto es válido tanto con los ángeles de Dios como con los de Satanás. Por ejemplo, Daniel describe a Miguel como «el gran príncipe que está de parte de los hijos de tu pueblo» (Daniel 12:1).

El pueblo de Daniel es, por supuesto, la nación de Israel. La responsabilidad de Miguel por Israel continuó aún después que fueron dispersados de su tierra y continúa hasta el día de hoy. Tal como lo señalé en el capítulo anterior, cuando la Escritura enfoca su atención en el ministerio del arcángel Miguel, podemos concluir con seguridad que Israel es el escenario central de los acontecimientos de la historia sobre esta tierra.

Hemos notado también que Satanás tiene ángeles a quienes ha asignado ciertas áreas de responsabilidad. Usted recordará que Daniel 10:13 menciona al «príncipe del reino de Persia», que era un ángel maligno a quien Satanás le encargó la tarea de ejecutar sus propósitos en aquella nación.

En ocasiones esto lleva a los ángeles de Dios y los de Satanás a enfrentarse. En este contexto, una expresión característica es que *sostienen* o apoyan. Por ejemplo, en Daniel 11:1 al hablar el ángel con Daniel, dice: «Y yo mismo, en el año primero de Darío el medo, *estuve* para animarlo y fortalecerlo» (*é.a*).

También en el siguiente capítulo, leemos: «En aquel tiempo *se levantará* Miguel, el gran príncipe que está de parte de los hijos de tu pueblo ... En aquel tiempo será libertado tu pueblo» (Daniel 12:1 *é.a*).

Tal vez podríamos traducir la frase como: *tomar una posición*. En ciertas situaciones los ángeles de Dios toman una posición, es decir, afirman la autoridad que Dios les ha dado sobre cierto territorio.

Si en realidad creemos las cosas que hemos proclamado, entonces nuestra respuesta lógica debe ser ofrecer alabanza sin esperar ver necesariamente su cumplimiento.

Estos conflictos angélicos no son pequeñas escaramuzas. La lucha entre Daniel y los ángeles que se le oponían duró veintiún días. ¿Qué tipo de armas emplearon? Yo no puedo encontrar una descripción detallada en la Escritura, pero mi impresión es que los ángeles de Dios hacen por lo menos tres cosas:

- Proclamaciones.
- Ofrecen alabanza.
- Adoran.

Se sobreentiende que el pueblo de Dios, como sus ángeles, debe hacer uso de esta forma de lucha.

Hacer una proclamación es una forma de lucha espiritual que por desgracia es muy poco comprendida en la mayoría de círculos cristianos en nuestros días. Produce el efecto de poner en acción la autoridad de la Palabra de Dios en una situación. Puede ser una situación en nuestra vida personal, o quizá en la arena de la política. Cualquiera que sea la situación, no existe manera más efectiva de poner en acción el poder de Dios, que hacer una proclamación apropiada. Volveré en un momento sobre este tema de la proclamación.

A su vez, a la proclamación le debe seguir la *alabanza*. Si en realidad creemos las cosas que hemos proclamado, entonces nuestra respuesta lógica debe ser ofrecer alabanza sin esperar necesariamente ver su cumplimiento.

La alabanza a su vez conduce a la adoración, en la cual ya no somos conscientes de los problemas que hemos estado enfrentando sino que Dios mismo nos sumerge en Él. La verdadera adoración no tiene un objetivo ulterior aparte de Dios, pero Él mismo es todo suficiente.

La lucha por proclamación, tal vez, el menos comprendido de los tres tipos de lucha, es bien ilustrada por la forma en que Josué condujo a Israel a su herencia en Canaán. La primera fortaleza satánica que encontró fue la ciudad de Jericó. Hacer un asalto directo sobre sus bien defendidas murallas habría causado la pérdida de muchas vidas. Pero Dios le mostró a Josué una estrategia diferente: *proclamación unida por el pueblo de Dios.* Esta fue el arma que echó abajo los muros de Jericó sin una sola baja en Israel.

Si observamos a los ángeles de Dios haciendo proclamaciones, debemos preguntarnos: ¿Qué clase de proclamación debemos hacer? ¿Cuál es la proclamación apropiada? Sugiero que la esencia de toda proclamación eficaz es citarle a Dios su propia Palabra.

Uno de los asuntos más candentes en nuestros días es quién tiene el derecho sobre la tierra de Israel. Una proclamación apropiada que el ángel Gabriel podía hacer al respecto se puede tomar de las palabras de Moisés en Éxodo 32:13:

«Acuérdate de Abraham, de Isaac y de Israel tus siervos, a los cuales has jurado por ti mismo, y les has dicho: Yo multiplicaré vuestra descendencia como las estrellas del cielo; y daré a vuestra descendencia toda esta tierra de que he hablado, y la tomarán por heredad para siempre» (*é.a*)

Como alternativa, Gabriel podría recordarle al Señor las promesas que hizo a Jerusalén: «Antes yo tendré memoria de mi pacto que concerté contigo en los días de tu juventud, y estableceré contigo un pacto sempiterno» (Ezequiel 16:60).

Él podría declarar que la promesa de la restauración de Jerusalén está estrechamente relacionada con el regreso de Jesús. «Por cuanto Jehová habrá edificado a Sión, y en su gloria será visto» (Salmo 102:16).

O podría declarar que Dios también ha prometido un futuro eterno para Jerusalén: «Pero Judá será habitada para siempre, y Jerusalén por generación y generación» (Joel 3:20).

Estos son ejemplos de proclamaciones bíblicas positivas. Pero la proclamación es un arma de doble filo. Puede utilizarse para Dios o contra él. Satanás entiende bien el poder de ella, por eso se ocupa de que la humanidad sea bombardeada con proclamaciones que provienen de fuentes bajo su control.

Una de tales fuentes es el Islam, el cual deriva mucho de su poder de las proclamaciones que hace regularmente, tanto positivas como negativas. Por ejemplo, en las afueras de la Mezquita de la Roca en Jerusalén, situada en lo que fue previamente el lugar del templo, una proclamación escrita en árabe rechaza deliberadamente las pretensiones de Jesús. En ella se lee: «Dios no tiene necesidad de un Hijo».

Además, cinco veces al día, todos los días desde todas las mezquitas del mundo, se hace la siguiente proclamación: «No hay otro Dios fuera de Alá, y Mahoma es su profeta». Esta proclama se ha estado haciendo cinco veces por día durante mil cuatrocientos años. Uno no necesita una calculadora para descubrir que durante los últimos catorce siglos ésta se ha hecho billones de veces.

Sin embargo, la proclamación que hacen con su boca es una de las armas más poderosas que Dios ha dado a sus hijos.

El área del mundo cubierta regularmente por esta proclama ha sido Medio Oriente. Esto explica por qué existe un poder anticristo tan enormemente fuerte en esa área. Es de hecho la razón fundamental por la cual esta parte de la humanidad se ha resistido con tanta vehemencia a las demandas de Jesús. Y es también convincente evidencia del poder de la proclamación, pero, por desgracia en este caso, para mal y no para bien.

Ciertas naciones occidentales comprometidas con la libertad religiosa están permitiendo que dentro de sus territorios se establezca un gran número de mezquitas. Este hecho es particularmente cierto en Gran Bretaña, donde se establecen constantemente nuevas mezquitas.

Cada nueva mezquita establecida se convierte en un canal de las proclamaciones islámicas regulares. Los gobernantes seculares no comprenden el impacto espiritual que estas proclamas multiplicadas tienen sobre sus pueblos. El maestro de Biblia, británico, David Pawson, predice que Gran Bretaña se convertirá en una República islámica.

Sin embargo, la proclamación que hacen con su boca es una de las armas más poderosas que Dios ha dado a sus hijos. Es el mismo Espíritu Santo quien nos da la confianza para hacer proclamaciones como estas:

> *«El Espíritu de Jehová el Señor está sobre mí,* porque me ungió Jehová; me ha enviado a predicar buenas nuevas a los abatidos, a vendar a los quebrantados de corazón, a publicar libertad a los cautivos, y a los presos apertura de la cárcel; *a proclamar* el año de la buena voluntad del Jehová, y el día de venganza del Dios nuestro»* (Isaías 61:1–2 *é.a*).

Como siervos de Dios, todavía tenemos mucho que aprender respecto al poder de la proclamación, la alabanza y la adoración. A menudo somos lentos para darle a Él la gloria que merece. En un cuadro mental, veo en el futuro un día cuando todos los que hemos sido bendecidos por Dios, responderemos dándole la gloria debida, desde cada isla y cada continente se elevarán hacia el cielo resonantes y jubilosos cantos de alabanza y acción de gracias. Yo sí creo que no podemos calcular el impacto global de tales proclamaciones. Una vez que la tierra sea tocada de esta manera por la gloria de Dios, no volverá a ser la misma.

10

AHORA HA VENIDO LA SALVACIÓN

El capítulo veintidós del libro de Apocalipsis describe, tal vez, la victoria más grande que el pueblo de Dios habrá de ganar desde que Jesús ganó su batalla solitaria contra el mal en la cima del Gólgota.

Este capítulo muestra un cuadro de la guerra en dos planos en que Satanás enfrenta al pueblo del Señor con un doble reto. En los cielos, él y sus ángeles frente a Miguel y los suyos. En la tierra, Satanás lanza un diluvio de acusaciones blasfemas contra los cristianos, cuestiona su pretensión de haber sido justificados (declarados justos) mediante la fe en Cristo, y les acusa ante Dios día y noche.

Como siervos de Cristo, se espera de nosotros que en respuesta hagamos uso completo de las armas espirituales que Dios nos ha provisto. Pero éstas son efectivas sólo en la medida en que operamos en unidad. Es importante cómo la victoria que aquí se registra, la obtienen los siervos de Dios solamente cuando están unidos en los cielos y en la tierra, mientras resisten juntos a Satanás. La historia muestra que la táctica más eficaz de Satanás, y en la que él mas confía, es la de causar división en las filas del pueblo de Dios.

Como siervos de Cristo, se espera de nosotros que en respuesta hagamos uso completo de las armas espirituales que Dios nos ha provisto.

A medida que esta era se acerca a su fin, el conflicto espiritual entre las fuerzas de Dios y Satanás llega a ser más intenso y se extiende a través de todo el universo. Para comprender lo que este conflicto demanda de nosotros en la tierra, debemos preguntarnos: *¿por qué nos acusa Satanás? ¿Cuál es su propósito?*

Obviamente su propósito es probar que somos *culpables.* En toda su forma de actuar, la estrategia favorita es la de crear sentimiento de culpa. Si él tiene éxito en probar sus cargos contra nosotros, ya no estamos calificados para recibir las bendiciones de Dios. Si se nos deja solos, no somos adversarios competentes en la lucha espiritual contra Satanás.

Pero la Escritura nos asegura que Dios nos ha dado las armas espirituales necesarias para esta guerra, y si las utilizamos correctamente, nos garantizan una victoria total.

> «Pues aunque andamos en la carne, no militamos según la carne; porque las armas de nuestra milicia no son carnales, sino poderosas en Dios para la destrucción de fortalezas, derribando argumentos y toda altivez que se levanta contra el conocimiento de Dios, y llevando cautivo todo pensamiento a la obediencia de Cristo» (2 Corintios 10:3-5).

Dios nos ha dado armas que son apropiadas para la lucha. Nuestra guerra no es carnal, no se libra en el mundo físico o material. Por lo tanto, nuestras armas no son carnales ni materiales; no son proyectiles ni cañones, ni tanques o aviones. Son armas espirituales para una lucha espiritual.

En el versículo 5, el apóstol Pablo nos dice que con estas armas podemos estar «derribando argumentos y toda altivez que se levanta contra el conocimiento de Dios». ¡Esa es una declaración extraordinaria! Podemos leerla muchas veces sin llegar a apreciar realmente lo que expresa. Porque el Señor nos dice, que con las armas que Él nos ha entregado, podemos llegar a ser sus agentes para destruir lo único elevado que se opone al reino de Dios: *el de Satanás en los cielos.*

Apocalipsis 12:7-9 describe un combate en el cielo en el cual Miguel y sus ángeles luchan contra el diablo y sus ángeles:

> «Después hubo una gran batalla en el cielo: Miguel y sus ángeles luchaban contra el dragón;

y luchaban el dragón y sus ángeles; pero no prevalecieron, ni se halló ya lugar para ellos en el cielo. Y fue lanzado fuera el gran dragón, la serpiente antigua, que se llama diablo y Satanás, el cual engaña al mundo entero; fue arrojado a la tierra, y sus ángeles fueron arrojados con él».

Mientras reflexionaba sobre el conflicto descrito anteriormente, tuve una vívida imagen mental del cielo y me vi allí. Todas las huestes celestiales rodeaban el trono de Dios con una sinfonía de alabanza. Luego se hizo un silencio absoluto. Pero de repente, comenzaron a escucharse los cantos de los cristianos que adoraban en la tierra. Comparadas con las voces de los ángeles, las de los cristianos sonaban patéticas en su debilidad. No obstante, sentí que estaban haciendo una contribución esencial a los propósitos de Dios.

Por alguna razón evoqué mentalmente los cinco años que pasé en África oriental. Una vez más escuché las palabras de un canto cristiano que solíamos entonar en idioma suahili: *nguvu za sheitani zimeshinjdwa,* que significa: «El poder de Satanás ya fue conquistado».

Tras un momento escuché algunos sonidos, pero no pude ver ningún cambio notorio en la escena que tenía ante mis ojos. El sonido se hizo más fuerte y, de repente, me di cuenta que era producido por los ángeles de Satanás que abandonaban su morada en los cielos.

Luego otro sonido golpeó mis oídos: fue como un rugido prolongado. Comenzó en algún nivel de los cielos, pero gradualmente fue descendiendo hasta el nivel de la tierra. Al principio parecía expresar una ira salvaje, pero a medida que se hizo más y más tenue, su tono cambió a uno de agonía, tan profunda que no se podía expresar con palabras.

De repente, comprendí el significado de lo que estaba escuchando. Lo que oía no era otra cosa que la voz de Satanás mismo al ser obligado a entregar su trono en los cielos y ocupar una nueva morada en el nivel de la tierra.

La Escritura nos indica que, hasta el tiempo presente, Satanás y sus ángeles han retenido una posición en los cielos. Sólo como resultado del futuro conflicto, descrito antes, será finalmente desalojado de los cielos y arrojado a la tierra.

Pero este no será un conflicto sólo de ángeles. Los creyentes en la tierra también tendrán su parte en él. «Y ellos [los creyentes en la tierra] le han vencido [a Satanás] por medio de la sangre del Cordero y de la palabra del testimonio de ellos, y menospreciaron sus vidas hasta la muerte» (v. 11 *é.a*).

Es importante que nosotros reconozcamos que la victoria en este conflicto contra el reino de Satanás se logrará solamente mediante una acción conjunta de los ángeles de Dios en el cielo, y de los creyentes en la tierra. Esto nos desafía a preguntarnos si nosotros, aquí en la tierra, somos sensibles a lo que está ocurriendo en el cielo, y si estamos listos para realizar nuestra parte.

¿Se podría decir de nosotros como cristianos en la tierra que «no valoramos tanto nuestras vidas como para evitar la muerte»? Este texto describe *compromiso total*. Visualícese enfrentando una situación en la que tiene dos alternativas: *entregar su vida o renegar de su testimonio de ser seguidor de Jesús*. ¿Que escogería? Para la clase de creyentes que describe Apocalipsis 12:11 es más importante hacer la voluntad de Jesús que aferrarse a la vida.

El comentario que sigue a este relato del desalojo de Satanás del cielo indica que esto ocurrirá al final de la presente dispensación.

«Por eso, ¡alégrense, cielos, y ustedes que los habitan! Pero ¡ay de la tierra y del mar! El diablo, lleno de furor, ha descendido a ustedes, porque sabe que le queda poco tiempo» (Apocalipsis 12:12 NVI).

Algunas personas al leer sobre la acción de desalojo de Satanás han llegado a suponer que los eventos descritos tienen que haber ocurrido inmediatamente después de la muerte y resurrección de Cristo. Sin embargo, de acuerdo con la descripción dada aquí, esto no puede ser cierto, porque en este instante el diablo sabe «que le queda poco tiempo». Dos mil años han pasado desde la muerte y resurrección de Jesús. A esto no se le puede llamar «poco tiempo».

Es la sangre de Jesús la que nos da
la victoria, pero solamente cuando
aprendemos a testificar de ella.

Por el contrario, la descripción que aquí se da de estos eventos indica que este hecho ocurrirá muy cerca del final de la presente dispensación, no en su comienzo hace dos mil años.

De todos nuestros conflictos con Satanás, éste parece ser el más feroz y exigente. En ese momento, él reconocerá que su tiempo es corto, y al llegar a esta conclusión, estará plenamente consciente de que será confinado en el abismo, tal como lo describe Apocalipsis 20:1-3:

«Vi a un ángel que descendía del cielo, con la llave del abismo, y una gran cadena en la mano. Y prendió al dragón, la serpiente antigua, que es el diablo y Satanás, y lo ató por mil años; y lo arrojó al abismo, y lo encerró, y puso su sello sobre él, para que no engañase más a las naciones, hasta que fuesen cumplidos mil años».

Pero el abismo no es el lugar definitivo de Satanás. Después de los mil años de confinamiento en el abismo, viene su destino final, revelado en el versículo 10 del mismo capítulo:

«Y el diablo que los engañaba fue lanzado en el lago de fuego y azufre, donde estaban la bestia y el falso profeta; y serán atormentados día y noche por los siglos de los siglos».

Hay un hecho adicional de suprema importancia que menciona Apocalipsis 12:11 que revela las armas mediante las cuales los creyentes en la tierra logran la victoria: *la sangre del Cordero y la palabra del testimonio de ellos.* El Cordero es, por supuesto, «el Cordero de Dios, que quita el pecado del mundo» (Juan 1:29).

Es la sangre de Jesús la que nos da la victoria, pero solamente cuando aprendemos a testificar de ella. Es nuestro testimonio el que pone en acción su poder. Esto nos asigna una responsabilidad práctica clara: *como creyentes, tenemos que testificar personalmente lo que la Palabra dice que la sangre de Jesús hace por nosotros.*

Tal vez el cuadro más grande en el Antiguo Testamento de la sangre de Cristo y su poder es el sacrificio del cordero pascual instituido para los israelitas mientras estaban en Egipto. Dios hizo responsable a cada padre israelita de seleccionar y matar un cordero para aplicar la sangre a su casa. Esto fue hecho de la siguiente manera:

«Al que cuidarán [el cordero] hasta el catorce del mes, día en que la comunidad de Israel en pleno lo sacrificará al caer la noche. Tomarán luego un poco de sangre y la untarán en los dos postes y en el dintel de la puerta de la casa donde coman el cordero» (Éxodo 12:6–7 *é.a* NVI).

En los siguientes versículos, Dios explica al pueblo de Israel por qué esto fue necesario: «Esa misma noche pasaré por todo Egipto, y heriré de muerte a todos los primogénitos, tanto de personas como de animales, y ejecutaré mi sentencia contra todos los dioses de Egipto. Yo soy el Señor. La sangre servirá para señalar las casas donde ustedes se encuentren, pues al verla pasaré de largo. Así cuando hiera yo de muerte a los egipcios, no los tocará a ustedes ninguna plaga destructora» (vv. 12-13 NVI).

Dios les dio detalles exactos sobre la manera en que se debía aplicar la sangre. Es obvio que si usted mata un cordero en campo abierto su sangre se derramará en el suelo y no se podrá preservar para ningún propósito especial. La Escritura aclara que cuando se mataba al cordero pascual, se debía recoger con cuidado su sangre en una vasija para que se pudiera aplicar de manera apropiada:

«Convocó entonces Moisés a todos los ancianos israelitas, y les dijo: «Vayan enseguida a sus rebaños, escojan el cordero para sus respectivas familias, y mátenlo para celebrar la pascua. Tomen luego un manojo de hisopo, mójenlo en la sangre recogida en la palangana, unten de sangre el dintel y los dos postes de la puerta, ¡y no salga ninguno de ustedes de su casa hasta la mañana siguiente!»» (vv. 21-22 NVI).

La protección para Israel era sólo a través de la sangre del cordero. No fueron librados por ser israelitas; ser descendientes naturales de Abraham no los protegió, lo único que los guardó fue el cumplimiento de los requerimientos de Dios con la sangre del cordero.

Cuando mataban el cordero y recogían su sangre en un recipiente, el sacrificio estaba completo y la sangre estaba disponible. No obstante, mientras la sangre permaneciera en el recipiente, no protegía ni una sola familia israelita. Todos pudieron haber matado un cordero y haber recogido la sangre en el recipiente, y el mismo juicio que vino sobre los egipcios habría caído sobre ellos.

Dios demandaba que los israelitas pasaran la sangre del recipiente al lugar más prominente en cada uno de sus hogares: la puerta principal. Tenían que aplicarla a esa puerta, su dintel y los postes de ambos lados, en el exterior, donde fuera claramente visible para cualquiera que pasara.

No obstante, había un lugar en el cual la sangre no debía aplicarse: el umbral. A ningún israelita se le permitía pisar esa sangre sagrada.

«Jehová pasará hiriendo a los egipcios; y cuando vea la sangre en el dintel y en los dos postes, pasará Jehová aquella puerta, y no dejará entrar al heridor en vuestras casas para herir» (v. 23).

Hay protección total y perfecta en la sangre del Cordero, el Señor Jesucristo.

Solamente cuando la sangre fue transferida del recipiente a la puerta, protegió a la familia israelita que habitaba la casa. Todo esto es un cuadro de lo que puso a nuestra disposición el sacrificio de Cristo, que en 1 Corintios 5:7 es llamado «nuestra pascua»: «Porque Cristo que es nuestro cordero pascual, ya fue sacrificado» (NVI).

A Jesús, como el Cordero de Dios, se le identifica aquí con el cordero pascual que fue muerto en Egipto. El punto que se debe enfatizar y que es de vital importancia personal para cada uno de nosotros es que el Cordero (Jesús) ya fue sacrificado y su sangre derramada. Trayendo la analogía del Antiguo al Nuevo Testamento, la sangre en el recipiente simboliza la sangre de Jesús que ya fue derramada por nosotros.

Pero así como la sangre en la vasija no protegía a ningún israelita en Egipto, el hecho de que Cristo haya muerto y derramado su sangre en la cruz no protege a ninguno hoy. No hay beneficios para ninguno de nosotros sencillamente por el hecho que Cristo murió y derramó su sangre. En la tierra de Egipto, los israelitas tenían que *pasar* la sangre de la vasija a sus propios hogares, sus propias situaciones, los lugares donde vivían, sus lugares de necesidad. Sólo cuando pasaban la sangre y la aplicaban de esta manera, llegaba a ser eficaz.

El mismo principio es valido para usted y para mí. Creemos en Jesucristo, creemos que Él es el Cordero de Dios, creemos que su sangre fue derramada y que todo lo que necesitamos (la salvación completa) está disponible mediante su sangre. Pero mientras la sangre permanezca «en la vasija», no hace bien a ninguno. Es una bendición potencial, pero hasta que es efectivamente aplicada, no logra cosa alguna.

Hemos visto que bajo el Antiguo Pacto, para transferir la sangre al lugar donde se necesitaba, Dios le dio a Israel un medio para hacerlo: un hisopo. No hay nada hermoso o romántico acerca del hisopo. Crece casi en cualquier parte del Medio Oriente, y está listo y disponible tanto para el pobre como para el rico. Los israelitas tenían que arrancar el hisopo, hundirlo en la sangre que había en el recipiente, y entonces aplicarlo a la puerta, el dintel y los postes de sus hogares. De esta manera la sangre se pasaba del recipiente a la casa.

En el Nuevo Pacto no utilizamos hisopo. Pero Dios nos ha dado algo que es su equivalente. ¿Qué pone a nuestra disposición la sangre y qué hace que ésta sea efectiva en nuestras vidas y situaciones? La respuesta se encuentra en Apocalipsis 12:11: «Y ellos le han vencido [al acusador] por medio de la sangre del Cordero y de la palabra del *testimonio* de ellos» (*é.a*).

Jesús ganó la victoria por nosotros en el Calvario, pero la salvación no llega a ser personal hasta que cumplimos las condiciones bíblicas y aplicamos su victoria en nuestras vidas.

Cuando yo testifico acerca de la sangre, la estoy aplicando a mi situación. Mi testimonio acerca de la sangre en el Nuevo Pacto guarda una perfecta analogía con el padre israelí que, en el Antiguo Pacto, hundía el hisopo en la vasija y luego lo aplicaba en los postes y la puerta de su casa. Cuando la sangre se aplicaba de esta manera, la protección era perfecta.

Así ocurre con usted y conmigo. Hay total y perfecta protección en la sangre del Cordero, el Señor Jesucristo. Pero ella no protege a ninguno hasta que es aplicada. Hasta que aprendemos a testificar personalmente lo que la Palabra de Dios dice que la sangre de Jesús hace por nosotros, no obtenemos ningún beneficio de ella. Nuestras creencias no cambian hasta que las combinamos con nuestro testimonio personal.

Sin embargo, en el momento en que empezamos a testificar, Satanás lanzará todo ataque contra nosotros para atemorizarnos, para hacernos sentir tímidos, incómodos y avergonzados. Él hará todo lo que pueda para impedir que presentemos testimonio bíblico, claro y confiado de la sangre de Jesús. Pero cuando lo hacemos, esgrimimos un arma contra la que Satanás no tiene defensa. La sangre de la pascua repelía al destructor, y no le permitía ningún acceso a la familia que estaba bajo su abrigo. La sangre de Jesús es hoy igual de eficaz para nosotros.

Pero recuerde un hecho importante que se dice de los creyentes en Apocalipsis 12:11: «Y menospreciaron sus vidas hasta la muerte». ¿Podría decirse lo mismo de usted y yo?

Apocalipsis 12:10 describe la victoria que nos espera como creyentes:

> «Entonces oí una gran voz en el cielo, que decía: Ahora ha venido la salvación, el poder, y el reino de nuestro Dios, y la autoridad de su Cristo; porque ha sido lanzado fuera el acusador de nuestros hermanos, el que los acusaba delante de nuestro Dios día y noche».

El cielo todo espera el día en que nosotros ganemos esa victoria. La salvación ya nos fue provista por Jesús, pero ésta no se convierte en experiencia hasta que la hacemos funcional en nuestras vidas. Sólo entonces el cielo responde y dice: «Ahora ha venido la salvación».

Ocurre lo mismo en la vida individual del creyente. Jesús ganó la victoria por nosotros en el Calvario, pero la salvación no llega a ser personal hasta que cumplimos las condiciones bíblicas y aplicamos su victoria en nuestras vidas.

Lo anterior es válido para los hijos de Dios, tanto a nivel colectivo como personal. La salvación sólo llega cuando el poder de la sangre de Jesús se pone en acción para hacer su obra en nosotros. Sólo entonces podemos decir con certeza: «ahora ha venido la salvación».

Si hemos de vencer a Satanás al testificar personalmente lo que la Palabra de Dios dice que la sangre hace por nosotros, un requisito esencial es *saber* lo que la Palabra dice acerca de la sangre, de otro modo no tenemos testimonio. Ese será el tema de nuestro siguiente capítulo.

11

POR LA SANGRE DEL CORDERO

Cuando comprendí lo vital que es mantener un testimonio personal consistente acerca de la sangre de Jesús, me sentí motivado a investigar en las Escrituras y descubrir lo que se demandaba de mí. Compartiré con usted seis pasajes que encuentro especialmente efectivos.

Redención

El primer pasaje es Efesios 1:7: «En [Cristo] quien tenemos redención por su sangre, el perdón de pecados según las riquezas de su gracia» (*é.a*).

Lo primero para recibir estos beneficios es que tenemos que estar *en* Cristo. Esto significa someter el yo y dedicarnos sin reservas a Jesús. Entonces, cuando estamos en Cristo, tenemos redención a través de su sangre. *Redimir* significa: «Comprar otra vez o pagar un precio de rescate». Nosotros estábamos en las manos de Satanás; éramos esclavos suyos. Pero en la cruz, Jesús pagó el precio de rescate con su sangre para comprarnos de nuevo para Dios.

Esto también lo confirma 1 Pedro 1:18-19:

> «Como bien saben, ustedes fueron rescatados de la vida absurda que heredaron de sus antepasados. El precio de su rescate no se pagó con cosas perecederas, como el oro o la plata, sino con la preciosa sangre de Cristo, como de un cordero sin mancha y sin defecto» (NVI).

Antes de venir a Cristo, seguíamos una manera impía de vivir, aunque practicáramos ciertas costumbres religiosas. Estábamos en las garras de Satanás y vivíamos bajo condenación por causa de nuestros pecados, éramos vulnerables a los ataques del devorador y el destructor.

¡Pero fuimos comprados otra vez! ¿Cómo? Sólo mediante la preciosa sangre de Jesucristo como el Cordero sacrificial de Dios. Él fue sin defecto, esto es, sin pecado original, sin mancha; es decir, sin pecado personal. Él fue el Inmaculado Cordero de Dios sobre el cual se cargaron los pecados de todo el mundo. Solamente mediante su sangre somos redimidos. Ningún otro precio puede pagar nuestra redención.

Entonces, ¿cómo espera Dios que respondamos? «Díganlo los redimidos del Señor, los que ha redimido del poder del enemigo» (Salmo 107:2).

Dios espera que hagamos una osada declaración. Debemos *decir* que hemos sido redimidos. Esta porción bíblica también aclara de qué hemos sido redimidos: de la mano del enemigo. ¿Y quién es el enemigo? Según la Escritura, el diablo es nuestro adversario. Estuvimos en la mano del diablo, pero fuimos comprados y rescatados por la sangre de Jesús.

¿Cuál es, entonces, nuestro testimonio a la luz de Efesios 1:7 y Salmo 107:2?

Por la sangre de Jesús fui redimido de la mano del diablo.

Mientras más confiese (o declare) esta verdad, más eficaz se hará en su vida. Hacer esta confesión equivale a rociar la sangre en los dinteles de su corazón.

Perdón de pecados

Efesios 1:7 hace una segunda declaración respecto a la sangre: «En quien [Cristo] tenemos el perdón de pecados según las riquezas de su gracia» (*é.a*).

Otra cosa que la sangre de Jesús compró para nosotros fue el perdón de los pecados. Esto concuerda con lo que Jesús dijo en la Ultima Cena cuando dio a los discípulos la copa, que era símbolo de su sangre: «Porque esto es mi sangre del nuevo pacto, que por muchos es derramada para remisión [o perdón] de los pecados» (Mateo 26:28 *é.a*).

En Hebreos 9: 22, se confirma: «Y casi todo es purificado, según la ley, con sangre; y sin derramamiento de sangre no se hace remisión [o perdón]» (*é.a*).

La sangre de Jesús fue derramada para que nuestros pecados pudieran ser perdonados. En Efesios 1:7, el apóstol Pablo afirma que estas dos cosas son colaterales:

- *Redención mediante su sangre*
- *El perdón de pecados.*

De ahí que es muy importante comprender que tenemos plenos derechos de redención solo en la medida en que nuestros pecados son perdonados. Si todos nuestros pecados son perdonados, tenemos la totalidad de los derechos de redención. Pero si en nuestra vida hay un pecado no confesado o no perdonado, Satanás todavía tiene derecho en esa área.

Yo lo he comprobado muchas veces al ministrar a quienes necesitan liberación de espíritus malignos. Si Satanás tiene un reclamo legítimo sobre una persona, no renunciará a él. Usted puede gritarle en la cara, puede ayunar por una semana, puede traer al predicador mas ungido, puede hacer lo que quiera, pero nada lo hará cambiar, porque sabe que tiene una pretensión legal en dicha área.

Quiero mencionar otra forma común en que los creyentes le dan a Satanás un derecho legal en sus vidas: negándose a perdonar a otros. Después de enseñar a sus discípulos el «Padre Nuestro», Jesús les hizo esta advertencia:

> «Porque si perdonan a otros sus ofensas, también los perdonará a ustedes su Padre celestial. Pero si no perdonan a otros sus ofensas, tampoco su Padre les perdonará a ustedes las suyas» (Mateo 6:14-15 NVI).

No tenemos derecho de pedir perdón de Dios mas allá de la medida en que perdonamos a otros. Por lo tanto, si hay una persona a la que todavía no hemos perdonado totalmente, en esa misma medida carecemos del perdón de Dios. En esa área de nuestra vida, donde todavía existe carencia de perdón, Satanás conserva una demanda legal. No podemos desalojarlo hasta que la hayamos anulado perdonando a la persona o personas a las que necesitamos perdonar.

Si todos nuestros pecados son perdonados,
tenemos la totalidad de los derechos de redención.
Pero si en nuestra vida hay un pecado no confesado o no
perdonado, Satanás todavía tiene derecho en esa área.

Recuerde que la redención es colateral al perdón de nuestros pecados. Así que todos nuestros pecados están perdonados, tenemos todos los derechos de redención, de modo que Satanás no tendrá ninguna demanda en proceso contra nosotros. Pero si el pecado no ha sido tratado en algún área de nuestra vida, Satanás conserva todavía una pretensión legal allí. No importa qué tan ungido sea el ministro al cual le pedimos que ore por nosotros, el diablo no será desalojado, porque sabe que tiene un derecho legal de ocupar ese territorio. El diablo es un experto legal. Por lo tanto, es esencial que conozcamos las condiciones de Dios para obtener perdón total, y que cumplamos con ellas.

El resumen de nuestro texto de Efesios 1:7 nos lleva a dos conclusiones: primera, tenemos que estar dispuestos a confesar y renunciar a todos nuestros pecados; y segunda, tenemos que estar dispuestos también a perdonar completamente a las personas que alguna vez nos han faltado, herido o hecho mal.

Entonces, y sólo entonces, nuestro segundo testimonio podrá ser: *por la sangre de Jesús, todos mis pecados son perdonados.*

Limpieza

La tercera declaración acerca de la sangre se encuentra en 1 Juan 1:7: «Pero si andamos en luz, como él está en luz, tenemos comunión unos con otros y la sangre de Jesucristo su Hijo nos limpia de todo pecado».

Este pasaje revela tres cosas que van unidas en la Palabra de Dios y que no pueden separarse:

1. Andar en la luz
2. La comunión unos con otros
3. La limpieza por la sangre de Jesús

Yo he tratado con numerosas personas que reclaman la limpieza y protección de la sangre, pero que no viven la clase de vida que les da derecho a recibirlas. Según este versículo, que la sangre de Jesucristo nos limpie, es una consecuencia de que hayamos cumplido con la condición introducida por la palabra *si*: «*Si* andamos en luz, como él está en luz». Luego siguen dos resultados: primero, tenemos comunión unos con otros; segundo, la sangre de Jesucristo nos limpia de todo pecado.

Luego vienen ciertas conclusiones lógicas: si no andamos en comunión con nuestros hermanos creyentes, eso prueba que no estamos en la luz. Y si no estamos allí, otra vez, es lógico que no podemos reclamar la limpieza que da la sangre de Jesús. Entonces llegamos a esta conclusión: si estamos fuera de la comunión, estamos fuera de la luz, y si estamos fuera de la luz, la sangre ya no nos limpia. La sangre de Jesús nos limpia solamente en la luz.

Es triste que muchos cristianos se engañen a sí mismos en cuanto a su derecho del acceso a la sangre. Persisten en citar la última parte de 1 Juan 1:7, pero en muchos casos nunca han cumplido con la condición precedida de la palabra condicional, «pero si andamos en luz, como él está en luz».

Así que la evidencia de que estamos andando en la luz es que tenemos comunión unos con otros. Estar fuera de la comunión es estar fuera de la luz, y estar fuera de la luz es no disfrutar de la limpieza de la sangre de Jesús.

La comunión es bidireccional. Primero es con Dios, y segundo con nuestros compañeros creyentes. Esto hace la comunión con Dios y con los demás, algo de importancia única en nuestra vida. Mientras más estrecha es la comunión, más brillante es la luz.

A medida que maduramos en Cristo, llegamos a un lugar en donde ya no hay sombras, ni rincones oscuros, nada escondido bajo la alfombra, nada encubierto. Es un lugar de *transparencia,* uno que le causa terror al hombre natural. Pero es el único en donde la sangre de Jesús realiza a cabalidad su función limpiadora. Reclamar la limpieza de la sangre de Jesús sin cumplir con estas condiciones previas es rebajarla de valor; y la sangre del Señor no es algo barato. Es lo más precioso que hay en el universo.

A medida que maduramos en Cristo, llegamos a un lugar en donde ya no hay sombras, ni rincones oscuros, nada escondido bajo la alfombra, nada encubierto.

Mi querida hermana o hermano: usted no tiene otra alternativa que ir a la luz. ¿Y qué significa esto? Confesar sus pecados primero a Dios y después a cualquier persona contra la cual haya pecado. Saque todo al descubierto.

¿Es eso algo difícil de hacer? La respuesta es ¡sí! La luz parece tan fuerte. Tenemos la tendencia a evadirla diciendo: *yo nunca podría sacar a la luz cosas tan horribles (ese terrible recuerdo, esa culpa secreta, ese habito esclavizante), no podría exponer todo eso a la luz.* El hombre natural retrocede ante la idea. Pero el secreto maravilloso es este: cuando su pecado es expuesto a la luz, la sangre de Jesús lo lava y todo queda limpio.

En efecto, esto es lo que Dios dice en Jeremías 31:34: «Perdonaré la maldad de ellos, y no me acordaré más de su pecado».

Dios no tiene mala memoria, pero sí tiene un «borrador» sobrenatural que quita el recuerdo del pecado una vez ha sido perdonado.

De otro lado, si usted no lleva el pecado a la luz, éste permanece y sigue vigente. Piense una vez más en este tremendo principio: *la sangre de Jesús limpia solamente en la luz.*

Suponga que ya hemos cumplido con las condiciones: estamos andando en la luz, y estamos en comunión con nuestros hermanos creyentes. Entonces tenemos el derecho de expresar este testimonio: *la sangre de Jesucristo, el Hijo de Dios, está limpiándome ahora y por siempre de todo pecado.*

Es muy importante notar que es una acción del tiempo presente continuo. La sangre nos limpia continuamente mientras permanecemos andando en la luz. Hay dos operaciones en curso. Al continuar caminando en la luz, la sangre nos sigue limpiando. Esta es la obra de limpieza total de la sangre.

Justificación

La cuarta declaración acerca de la sangre se hace en Romanos 5:8-9:

> «Mas Dios muestra su amor para con nosotros, en que siendo aún pecadores, Cristo murió por nosotros. Pues mucho más, estando ya justificados en su sangre, por él seremos salvos de la ira».

Nuestra proclamación es tomada de la frase intermedia de Romanos 5:9: «Somos justificados por la sangre de Jesús» (NKJ). *Justificado* es una de esas palabras religiosas que la gente a menudo utiliza sin comprender muy bien; a otras personas les asusta.

El problema con el uso de la palabra *justificado,* es que la gente tiende a asociarla con algo así como una transacción formal en una atmósfera legal. Su razonamiento es que en algún lugar allá arriba, en los remotos recintos del cielo, *algo ocurrió* y ahora todo está arreglado. Pero esto expresa sólo la mitad del significado de la palabra. *Ser justificado* significa «ser hecho justo». Yo prefiero la expresión «ser hecho *recto*», porque ella me pone aquí en la tierra, donde vivo, en mi hogar, mi negocio, mis relaciones personales. Ser *justificado* suena como si describiera una formalidad legal que tiene que tramitarse en alguna corte remota, en un lugar donde no tiene mucha aplicación en mi vida. Pero, ser *recto*, inmediatamente me baja a tierra, a mi vida cotidiana.

La Escritura dice que hemos sido *hechos rectos* por la sangre de Jesús. Usted no es justificado si no ha sido hecho recto en su diario vivir. Esto es más que una ceremonia legal y un cambio de etiquetas. Es un cambio radical de carácter y de estilo de vida, que es producido por la sangre de Jesús.

Aquí tiene otra forma de entender el significado de *justificado*. Puede interpretarlo de esta manera: es ser *justo como si* nunca hubiera pecado. ¿Por qué? Porque he sido hecho recto con una rectitud que no es propia, no es mía sino de Jesucristo. Esta rectitud no tiene ningún antecedente de pecado, ni un pasado que necesite ser perdonado. Esta es ahora mi situación delante de Dios.

Miremos Romanos 3:23-25:

> «Por cuanto todos pecaron y están destituidos de la gloria de Dios, siendo justificados gratuitamente por su gracia, mediante la redención que es en Cristo Jesús, a quien Dios puso como propiciación por medio de la fe en su sangre, para manifestar su justicia, a causa de haber pasado por alto, en su paciencia, los pecados pasados».

Me alegro de que en este pasaje esté la palabra *gratuitamente*, que significa *de gracia*, «que no ha sido ganado». El problema con las personas religiosas es que a menudo procuran ganar la justicia y nunca pueden lograrlo. La justicia de la cual hablan las Escrituras no se puede ganar, debe recibirse por fe como un don gratuito, de otro modo no se puede recibir.

En Romanos 4:4-5, Pablo hace una declaración que es exactamente lo opuesto a lo que la gente religiosa esperaría:

> «Pero al que obra, no se le cuenta el salario como gracia, sino como deuda; mas al que no obra, sino cree en aquel que justifica al impío, su fe le es contada por justicia».

Para recibir la justicia que Dios nos ofrece mediante la fe, lo primero que tenemos que hacer es *dejar de obrar*, abandonar el esfuerzo de tratar de ganarla. Dios nos ofrece una justicia que jamás podemos ganar: un don gratuito.

La gran verdad básica del Evangelio es esta: Dios hace justos a los injustos. 2 Corintios 5:21 dice: «Al que no conoció pecado, por nosotros lo hizo pecado, para que nosotros fuésemos hechos justicia de Dios en él».

La gran verdad básica del Evangelio es esta: Dios hace justos a los injustos.

Esto describe un intercambio total. Jesús fue hecho pecado, con nuestra pecaminosidad, para que nosotros fuésemos hechos justos con su justicia. Esta justicia está disponible para nosotros a través de la fe en su sangre, y no se puede recibir de ninguna otra manera.

La justicia produce ciertos resultados inmediatos que son visibles. Uno de estos es la *confianza*. Esta es una característica de la cual carecen muchos cristianos contemporáneos. Son tímidos y apologéticos, tienden a retraerse cuando tienen que enfrentar el mal o al diablo. Este no es el cuadro de los justos que nos pinta la Escritura: «Huye el impío sin que nadie lo persiga, *mas el justo esta confiado como un león*» (Proverbios 28:1 *é.a*).

La raíz, la causa de esta timidez de muchos que profesan ser cristianos, es que no tienen una revelación del hecho de que son justos a los ojos de Dios, tan justos como Jesucristo mismo. Cuando recibimos esa revelación, esta nos hace confiados; entonces podemos testificar: *por la sangre de Jesús soy justificado y hecho recto como si jamás hubiera pecado.*

159

Santificación

Ahora nos movemos al quinto aspecto de nuestro testimonio, que es la santificación. Hebreos 13:12 habla del poder *santificador* de la sangre de Jesús: «Por lo cual también Jesús, para santificar al pueblo mediante su propia sangre, padeció fuera de la puerta».

Santificar significa «hacer santo». La santidad incluye en sí misma la idea de «ser separado para Dios».

A semejanza de la justicia, la santificación no se obtiene por obras o por esfuerzo; no es resultado de la religión. Se obtiene por fe en la sangre de Jesús. Cuando usted es santificado por la sangre de Jesús, es separado para Dios.

En relación con este asunto, el apóstol Pablo dice en Colosenses 1:13: «El cual [Dios] nos ha librado de la potestad de las tinieblas [la autoridad de las tinieblas, el área de autoridad de Satanás], y trasladado al reino de su amado Hijo» (*é.a*).

Por fe en la sangre de Jesús hemos sido removidos del área de autoridad de Satanás, y trasladados al reino de Dios.

La Escritura lo describe como una transferencia total de lugar. En el Antiguo Testamento, dos personas fueron trasladadas de la tierra al cielo, Enoc y Elías. Ambos fueron llevados corporalmente. Lo único que Elías dejó atrás fue su manto, pues fue llevado en cuerpo y espíritu.

---

*Cuando testificamos de la sangre de Jesús,
el Espíritu Santo testifica de su obra
de redención en nuestras vidas.*

Esto es lo que creo que significan las palabras de Pablo: *hemos sido trasladados totalmente del reino de las tinieblas al reino de la maravillosa luz de Dios.* El versículo no dice que *vamos a ser* sino que ya *fuimos* trasladados en espíritu, alma y cuerpo. Ya no estamos más en el territorio del diablo, ni bajo sus leyes. Estamos en el reino del Hijo de Dios, bajo sus leyes divinas.

Romanos 8:2 define estas dos leyes: «Porque la ley del Espíritu de vida en Cristo Jesús me ha librado de la ley del pecado y de la muerte».

En este versículo vemos la ley del diablo (la ley del pecado y de la muerte) y la del reino de Dios (la ley del Espíritu de vida en Cristo Jesús). Vemos en operación dos reinos, con sus respectivas y opuestas leyes. El apóstol Pablo, hablando de su propia experiencia, explica: «Ya no estoy en el territorio del diablo ni bajo sus leyes. Su reino no tiene jurisdicción sobre mí porque he sido trasladado a otro reino. He sido llevado, conducido, trasladado en espíritu, alma y cuerpo».

Por lo tanto, nuestro quinto testimonio es:

Por la sangre de Jesús soy santificado, hecho santo, y apartado para Dios.

Aquí están, entonces, los cinco testimonios que cada uno de nosotros hace acerca de la sangre de Jesús:

- *Por la sangre de Jesús soy redimido de la mano del diablo.*
- *Por la sangre de Jesús todos mis pecados son perdonados.*
- *La sangre de Jesucristo, el Hijo de Dios, está limpiándome ahora y por siempre de todo pecado.*
- *Por la sangre de Jesús soy justificado y hecho recto como si jamás hubiera pecado.*
- *Por la sangre de Jesús soy santificado, hecho santo y apartado para Dios.*

Cuando testificamos de la sangre de Jesús, el Espíritu Santo testifica de su obra de redención en nuestras vidas. Es el testimonio el que pone en marcha la operación de la sangre en nuestra vida. Si no testificamos, no ocurre nada. Nuestro testimonio es el que causa la derrota de Satanás. Esto nos ayuda a entender por qué con tanta frecuencia sufrimos oposición cuando empezamos a testificar. En este punto es cuando realmente empezamos a hacerle algún daño al diablo. Podemos creer lo que nos guste, pero el diablo no se preocupa demasiado hasta que empezamos a testificar acerca de ello. Cuando comenzamos a hacerlo, el diablo hará todo lo que puede a fin de desanimarnos, atemorizarnos e impedirnos hablar; porque es nuestro testimonio lo que hace al poder de Dios eficaz contra él.

12

¿Qué Clase de Personas?

En el capítulo anterior enumeré cinco proclamaciones bíblicas relativas a la sangre de Jesús. Dije que hacer sistemáticamente estas proclamaciones es la clave para una vida de victoria sobre el pecado y Satanás. Pero fácilmente puedo imaginar que algunos creyentes responderán: ¿es en realidad tan sencillo? ¿Eso es todo lo que tenemos que hacer?

Mi respuesta es que la clave del éxito no depende solamente de lo que *decimos* sino de lo que *somos*. Usted recordará que, en Apocalipsis 12:11, de las personas que lograron esta victoria sobre Satanás se dice que «menospreciaron sus vidas hasta la muerte».

¿Cómo debemos entender esta afirmación? He mirado en varias traducciones de la Biblia, pero no he encontrado una descripción que me satisfaga con respecto a qué clase de personas se refiere. ¿Qué significa la frase: «No valoraron tanto su vida como para evitar la muerte» (NVI)?

Esta es mi interpretación de la frase. Pienso que para estas personas era más importante hacer la voluntad de Dios que seguir viviendo. Al enfrentar una situación en la cual cumplir con la voluntad de Dios les costaría la vida, ese exactamente fue el precio que estuvieron dispuestas a pagar. No buscaron otra alternativa o alguna salida.

La palabra que yo utilizaría para describir tal tipo de cristianos es: *comprometidos*. Tales creyentes están comprometidos a obedecer la Palabra de Dios y a hacer su voluntad, sin importar las consecuencias para su propia vida.

Lucas 9:21-24 muestra a una entusiasta multitud que sigue a Jesús, emocionada por los milagros que había presenciado. Pero al parecer Jesús esta más interesado en el compromiso personal que en ese tipo de entusiasmo:

> «Y decía a todos: Si alguno quiere venir en pos de mí, niéguese a sí mismo, tome su cruz cada día, y sígame. Porque todo el que quiera salvar su vida, la perderá; y todo el que pierda su vida por causa de mí, este la salvará».

El mensaje de Jesús no promete una jornada fácil por la vida. Por el contrario, su exhortación en el Sermón del Monte es:

> «Entrad por la puerta estrecha; porque es ancha la puerta, y espacioso el camino que conduce a la perdición, y muchos entran por ella; porque estrecha es la puerta, y angosto el ca-

mino que conduce a la vida, y pocos son los
que la hallan» (Mateo 7:13-14).

Si el cuadro que usted tiene de la vida cristiana no incluye las demandas de Dios de sacrificio y entrega total a
Él, necesita preguntarse por cuál «camino» es que se dirige. Podría descubrir que va por la senda ancha y espacio-
sa que lleva a la destrucción, y no por la estrecha y difícil
que conduce a la vida.

---

*Si el cuadro que usted tiene de la vida cristiana
no incluye las demandas de Dios de sacrificio y
entrega total a Él, necesita preguntarse
por cuál «camino» es que se dirige.*

En la Iglesia contemporánea algunos ministerios
enfatizan sólo las bendiciones y beneficios de la vida cristiana, y nunca hablan de las condiciones que tenemos que
cumplir a fin de obtener esas bendiciones y beneficios. Esos
ministerios se podrían comparar con un comerciante que
exhibe una atractiva gama de mercancías, pero nunca ad-
hiere una etiqueta con el precio a ninguna de ellas.

A menudo he sido bendecido (y desafiado) por el relato que Lucas hace del viaje del apóstol Pablo a Roma, en
los capítulos 27 y 28 de Hechos. Este no fue un viaje ca-
sual; fue un movimiento vital y estratégico en los planes
de Dios. Según Gálatas 2:7, Dios le había encomendado a
Pablo la responsabilidad de llevar el Evangelio a los
«incircuncisos», es decir, a todo el mundo gentil. La clave
sería establecer un centro en la ciudad de Roma. Desde
allí el Evangelio se esparciría automáticamente por mu-

chos canales al mundo antiguo: canales de comercio, educación, finanzas, administración gubernamental y el intercambio social común y corriente. Por razón de su llamamiento especial, él era la persona calificada para establecer dicho centro en Roma.

Debido a la importancia de la mudanza del apóstol a Roma fue que encontró tremenda oposición espiritual para su viaje. No sé si en su tiempo existiría algo equivalente a los lujosos cruceros que son tan populares hoy, pero lo que sí sé es que Pablo no estaba en algo así. Todo lo contrario, estaba viajando en un buque de carga como prisionero en cadenas. Además, el barco quedó atrapado en una tormenta tan horrible que durante dos semanas las personas a bordo nunca vieron un rayo de sol en el día, ni la luna o las estrellas durante la noche.

Permítame mencionar que un tipo de tormenta así fue generada por algo más que las fuerzas de la naturaleza. Existen ejemplos de casos similares en el Antiguo Testamento. Por ejemplo, Job 1:19 registra una tormenta sobrenatural dirigida por Satanás contra los hijos e hijas de Job. Un mensajero vino con el siguiente informe: «Y un gran viento vino del lado del desierto y azotó las cuatro esquinas de la casa, la cual cayó sobre los jóvenes, y murieron; y solamente escapé yo para darte la noticia».

Basado en mi experiencia de muchos años de ministerio cristiano, yo diría que cualquier viento que puede golpear simultáneamente desde todas las direcciones, las cuatro esquinas de una habitación, probablemente tiene al diablo detrás.

Regresando a la tormenta descrita en Hechos 27, continuamos con la narración de Lucas:

«Entonces Pablo, como hacía ya mucho que no comíamos, puesto en pie en medio de ellos, dijo: Habría sido por cierto conveniente, oh varones, haberme oído, y no zarpar de Creta tan sólo para recibir este perjuicio y pérdida. Pero ahora os exhorto a tener buen ánimo, pues no habrá ninguna perdida de vida entre vosotros, sino solamente de la nave. Porque esta noche ha estado conmigo el ángel del Dios de quien soy y a quien sirvo» (vv. 21-23).

Pablo utilizó dos frases para describir su relación con Dios: «De quien soy y a quien sirvo». En el sistema de Dios, estos dos elementos (pertenencia y servicio) nunca pueden estar separados. Si no *pertenecemos* a Dios, no tenemos el derecho de *servirle*. No hay *asalariados* en la familia de Él. De otro lado, no podemos pertenecerle si no estamos disponibles para su servicio. Dios no admite en su familia a egoístas, consentidos ni autoindulgentes. Tales, no tienen lugar en su reino.

La Ley de Moisés reconocía dos clases de siervos. Quienes recibían una paga diaria eran llamados *asalariados*. No eran miembros de la familia en donde servían. Por el contrario, quienes eran miembros de la familia, no recibían necesariamente algún pago por sus servicios. Era sencillamente una responsabilidad por los privilegios que disfrutaban como miembros de la familia. Pero la familia a la cual pertenecían aceptaba la responsabilidad de su manutención, ya fuera que en un momento dado estuvieran o no trabajando.

No podemos pertenecer a Dios si no estamos disponibles para su servicio. Dios no admite en su familia a egoístas, consentidos ni auto-indulgentes.

En su reino, Dios no tiene lugar para asalariados. Quienes sirven en Él lo hacen porque son de la casa; son miembros de la familia. Eso significa que no podemos separar los dos elementos que Pablo utilizó para describirse a sí mismo: «De quien soy y a quien sirvo». Permítame repetirlo: si no pertenecemos a Dios, no tenemos el derecho de servirle.

Finalmente, el barco en que viajaban Pablo y sus acompañantes dio contra un promontorio rocoso y comenzó a romperse. Esto le dio oportunidad a quienes estaban a bordo de escapar a tierra firme.

¿Se le ha ocurrido a usted preguntarse si estaba Pablo en la voluntad de Dios durante toda esta experiencia? Como ya lo he dicho, creo que el apóstol estaba totalmente en la voluntad de Dios, y toda su jornada hacia Roma fue ordenada por Él. Pero las fuerzas satánicas, que temían el posible impacto de su ministerio en Roma, hicieron todo lo que estaba en su poder para destruirlo antes de que pudiera llegar a su destino. La tormenta que encontró en el camino no tuvo un origen puramente natural sino que fue desatada por fuerzas satánicas en los cielos.

En su divina sabiduría, Dios a veces permite que sus siervos que están haciendo su voluntad sean expuestos a la maldad y a la ira de Satanás. De esta manera tienen una visión no solamente de la verdadera naturaleza de las fuerzas que se les oponen sino también de la necesidad de ejercer una permanente vigilancia.

En 1 Pedro 5:8, el apóstol advierte a sus compañeros creyentes: «Practiquen el dominio propio y manténganse alerta. Su enemigo el diablo ronda como león rugiente, buscando a quien devorar» (NVI). Debe ser una aterradora experiencia encontrarse con un león que anda en busca de su presa. La Biblia jamás nos infunde temor pero, de otro lado, nunca nos anima a subestimar el poder y la ferocidad de nuestros adversarios malignos.

Después del naufragio, Satanás tenía otro reto. La gente que escapó segura a tierra comenzó a reunir combustible para hacer una fogata. Pablo (el «gran» apóstol) no se paró a esperar que otros se ensuciaran las manos; estuvo entre los primeros que empezaron a buscar leña. Aprovechó Satanás este hecho como una oportunidad para hacer un intento final de destruir al apóstol: «Sucedió que Pablo recogió un montón de leña y la estaba echando al fuego, cuando una víbora que huía del calor se le prendió en la mano» (Hechos 28:3 NVI). De todas las doscientas setenta y seis personas que iban en el buque, ¿por qué la víbora escogió a Pablo como su víctima? ¿No había una inteligencia sobrenatural tras esta acción?

Pero Pablo estaba lleno del Espíritu Santo. Él no sintió la necesidad de orar o de hablar en lenguas. Para asombro de los nativos isleños que sabían lo mortal que era la mordedura de una serpiente, él sencillamente sacudió su mano, arrojó la víbora al fuego y siguió recogiendo leños.

¿Cuál fue el secreto de la vida victoriosa de Pablo? Él mismo lo explica en 2 Timoteo 1:12:

«Por lo cual asimismo padezco esto; pero no me avergüenzo, porque yo sé a quien he creído, y estoy seguro que es poderoso para guardar mi depósito para aquel día».

El secreto de la vida victoriosa de Pablo se resume en una sola palabra: *compromiso*. Él estaba totalmente a la disposición de Dios. En Filipenses 3:13-14 declara la suprema ambición de su vida:

> «Hermanos, yo mismo no pretendo haberlo ya alcanzado; pero una cosa hago: olvidando ciertamente lo que queda atrás, y extendiéndome a lo que está delante, prosigo a la meta, al premio del supremo llamamiento de Dios en Cristo Jesús».

En algunos segmentos de la Iglesia contemporánea se ha introducido una separación entre salvación y santidad. A la santidad se le presenta como una «adición» opcional al paquete de la salvación, tal como lo hacen los promotores de viajes: «¿Usted ya pago por su viaje a «Tierra Santa»? Por ciento ochenta y cinco dólares adicionales puede visitar Egipto y navegar por el Nilo».

Lograr la santidad es algo que Dios no hará por nosotros. Dios nos promete que la gracia lo hará.

---

la santidad sin la cual nadie verá al Señor» (NVI). La santidad no es una añadidura o un agregado opcional al paquete de la salvación, por el contrario, sin santidad nadie verá al Señor.

En 2 Corintios 7:1, Pablo apela a sus compañeros creyentes para que se unan a él en la búsqueda de la santidad personal: «Así que hermanos, puesto que tenemos tales promesas, limpiémonos de toda contaminación de carne y de espíritu, *perfeccionando la santidad* en el temor de Dios» (*é.a* NVI). Lograr la santidad es algo que Dios no hará por nosotros. Dios nos promete que la gracia lo hará. Esto es algo que no se puede separar del temor a Dios. Es la obra lógica de nuestro compromiso personal con Jesús, y condición esencial de la victoria sobre Satanás que Dios nos ha prometido.

Los dos últimos versículos del libro de Hechos nos muestran un cuadro maravilloso de la victoria que puso fin a la tempestuosa jornada del apóstol:

> «Y Pablo permaneció dos años enteros en una casa alquilada, y recibía a todos los que a él venían, predicando el reino de Dios y enseñando acerca del Señor Jesucristo, abiertamente y sin impedimento».

El comentario apropiado aquí podría ser: «¡Misión cumplida!». El Evangelio para los gentiles se había establecido en la capital del imperio que dominaba todo el mundo gentil: ¡Roma!

Pero hay también aquí una aplicación personal que podemos hacer en nuestra vida. Piense otra vez por un momento en los creyentes que describe Apocalipsis 12:11, quienes «no valoraron tanto su vida como para evitar la

171

muerte» (NVI). Es necesario que cada uno de nosotros se pregunte: «¿Me describe a mí esta frase?».

Si no puede responder a esta pregunta con un «sí» confiado, el Espíritu Santo quizá lo esté invitando en este momento a hacer un compromiso, una entrega personal sin reservas al Señor Jesús. Usted puede decir:

«Señor Jesús, te doy gracias porque en la cruz tú te diste por mí. En respuesta, yo me doy a Ti sin reservas, para tu servicio y gloria. ¡Amén!».

Apéndice

Aquí están los cinco testimonios de la sangre de Jesús:

1. Por la sangre de Jesús soy redimido de la mano del diablo.
2. Por la sangre de Jesús todos mis pecados son perdonados.
3. La sangre de Jesucristo, el Hijo de Dios, está limpiándome ahora y por siempre de todo pecado.
4. Por la sangre de Jesús soy justificado y hecho recto como si jamás hubiera pecado.
5. Por la sangre de Jesús soy santificado, hecho santo, y apartado para Dios.

Acerca del Autor

Derek Prince
(1915-2003)

De padres británicos, nació en la India. Se formó como erudito en griego y latín en la Universidad de Eton (Eton College) y en la Universidad de Cambridge, Inglaterra, obtuvo una beca en Filosofía Antigua y Moderna en la Universidad del Rey (King's College). Estudió también varias lenguas modernas incluyendo hebreo y arameo en la Universidad de Cambridge y en la Universidad Hebrea de Jerusalem.

Mientras servía en el ejército británico, durante la segunda guerra mundial, comenzó a estudiar la Biblia y tuvo un encuentro personal con Jesucristo que cambió su vida. A partir de ese encuentro, llegó a dos conclusiones: primera, que Cristo vive; y segunda que la Biblia es un libro verdadero, sobresaliente, notable y actualizado. Estas conclusiones alteraron el curso de su existencia. Desde entonces, dedicó su vida a estudiar y enseñar la Palabra.

Su don principal era explicar la Biblia y sus enseñanzas en un modo claro y sencillo que ha ayudado a construir los fundamentos de fe de millones de vidas. Su enfoque no denominacional y no sectario hace de sus lecciones un elemento eminente y de gran utilidad para personas de todos los antecedentes raciales y religiosos.

Su programa radial diario: "El Legado de Derek Prince" ha sido traducido a idiomas como árabe, chino, español, croata, malayo, mongol, ruso, alemán, samoano y tongano y otros. Es autor de más de cincuenta libros y más de quinientos casetes de audio y de ciento cuarenta videos de enseñanza, muchos de los cuales se han traducido y publicado en sesenta idiomas y aun continúa tocando vidas alrededor del mundo.

Estos son algunos del gran número
de libros de Derek Prince,
disponibles actualmente en español

Otro título:

• **Esposos y padres**

Pídalos a:
Editorial Desafio
Cra. 28A No. 64-34, Bogotá,
Colombia Tel: (57) 1 6 300 100
Internacional (1) 786 206 9327

Email: desafio@editorialbuenasemilla.com